超级个体

AI时代的人类变革

徐茂栋

XCITY ARGENTINA INC

超级个体：AI时代的人类变革

徐茂栋 著

October 12, 2025

Print ISBN: 978-1-970336-00-9

First edition, 2025

Printed in the United States of America

作者介绍

徐茂栋是著名的连续创业者，投资人。

他先后创立星河互联、窝窝团、百分通联、微网、分众无线等成功企业，还投资了中文在线、艾格拉斯、运去哪、小派科技等独角兽或已上市企业。

他首次提出了生活服务电商，窝窝团融资超过一亿美元，并带领窝窝团IPO。

他还首次提出产业互联网，星河互联估值超过20亿美元，推动互联网与传统产业的融合，并打造"星河系"，旗下控股参股多家上市公司。他首次提出产业AI，并成为先行者。他还是十多项专利的发明人。

2016年，他排名福布斯中国富豪榜348位，2017年，他与马云一起获得中国十大新闻人物。

徐茂栋毕业于武汉理工科技大学，曾就读于清华大学EMBA和DBA。

徐茂栋的经历：

- 1968年出生于山东日照一个小渔村
- 1986-1990年就读武汉理工科技大学
- 1994年，在家乡山东日照创办齐鲁超市，很快发展成为山东省最大的连锁超市之一。
- 1998年，在北京创办DotAd，成为中国最大的短信应用公司和领先的2G企业，并于2006年以3000万美元出售给分众传媒，后更名为Focus Wireless。
- 2008年，创办Lmobile，发展成为中国最大的手机彩信广告平台和领先的2.5G企业，后获软银亚洲投资基金（SAIF）和清科创投的投资，并于2010年以1.59亿美元出售给澳洲电信（Telstra）。
- 2010年，创办Welink，成为中国领先的移动营销平台和3G应用企业，并于2015年以1.1亿美元出售给中科招商。
- 2010年，创办窝窝网，先后获得鼎晖投资、清科创投及紫荆资本1亿美元投资，发展成为中国领先的生活服务类电商平台，并于2015年成功在纳斯达克上市，市值达10亿美元。
- 2015年，创办星河互联集团，曾是中国领先的产业互联网集团，估值达20亿美元。
- 2016年，打造产业互联网星河系，旗下控股参股多家上市公司。排名福布斯中国富豪榜348位。
- 2017年，与马云一起成为中国十大新闻人物。
- 2018年，定居美国。

序言

站在AI时代的黎明，我们仿佛看见未来地平线上冉冉升起的朝阳。这道曙光照亮的不仅是新一天的开始，更是人类无数梦想萌发的清晨。人工智能正以超乎以往的方式拓展我们的想象边界——它让许多过去只存在于幻想中的场景，逐渐成为可以触碰的现实；它让曾经渺小的个体，也有机会拥抱前所未有的可能性。怀揣着对未来的憧憬，我们发现希望正如晨光般洒满心田。

然而，旭日东升的同时，也照亮了前路上的种种未知和挑战。每一次技术革命的浪潮滚滚而来，都伴随着不安与质疑，也许还有暗礁与风暴。面对AI带来的巨变，我们难免感到迷茫：旧有的规则在瓦解，崭新的秩序尚未清晰。在这样的时刻，唯有勇气能指引我们穿越迷雾。正是这种勇气，让我们敢于迎接变化，不退缩于困难。它如同黑夜里坚定燃烧的灯火，照亮我们前行的路，也温暖我们不安的心。科技的洪流面前，人类一路走来，靠的正是这种无畏的信念——相信风浪之后必有新的大陆，怀着希望与决心，砥砺前行。

在时代的洪流中奋力前行的每一个人，何尝不是一位独自扬帆的水手？成为"超级个体"，意味着借助科技的力量，让自己变得前所未有地强大，同时也意味着常常要独自面对未知的风浪。在无人陪伴的夜晚，我们凝视着屏幕上微弱的光芒，心中浮现出对未来的疑问：当世界瞬息万变，我是否找得到前进的方向？这样的孤独，有时如寒夜般深沉。

然而，正是在与孤独为伴的时刻，我们聆听到了内心最真实的声音。没有喧嚣的打扰，我们学会了与自己对话，逐渐澄清了心中的渴望与初心。在孤独中觉醒，我们反而变得更加坚定，更加清楚自己为什么出发、要去向何方。于是，那个在不确定中踽踽独行的普通人，也开始蜕变为能够点亮一方的超级个体。

尽管科技让我们能独当一面，我们也从未真正孤身一人。在人生最幽暗的关头，总有爱的光亮相伴左右。也许是一声亲人的叮咛，让迷茫的我们重新振作。也许是朋友无言的拥抱，在我们几近放弃时给予温暖。也许是伙伴一个坚定的眼神，让我们相信自己并不孤单。不论时代如何变迁，这些人性里的温度始终不曾冷却。正是彼此间的爱、支持与陪伴，让我们在迷茫时找到方向，在受挫时重新站起，在漫长的征途中不觉孤单。AI可以重塑世界，却无法取代人心与人心相互取暖的力量。因为有爱，我们才能在迅猛的变革中保持初心；因为被爱，我们学会了给予和回馈，并在彼此搀扶中走过未知的岁月。

这样的爱与勇气，我在自己的生命中也有幸真切地体会过。回望自己的历程，我深切地感受到时代巨浪的洗礼。我出生于农村，没有什么家庭背景，靠苦读寒窗走出来，在互联网浪潮中摸爬滚打，创下了连续六次创业均获成功的记录，可谓也收获过辉煌，一次收购A股某上市公司却成了我的"滑铁卢"，既赔钱又损商誉，可谓也经历过刻骨的挫败。这些宝贵的经历，如同刻在生命底色的印记，成为我继续前行的基石，支撑着我如今在另一片土地上再度投身AI产业的浪潮。每一次跌倒后爬起，都让我更加坚信：时代的洪流中蕴藏着希望；每一次痛苦的教训，都让我更懂得勇气与爱的珍贵。AI时代再次将风帆交到我手中，我知道自己仍需努力，去证明些什么——证明人类的精彩才刚刚开始，证明怀揣梦想与坚韧的个体终能创造非凡的未来。

而今，回首来路，我们心怀感恩，因为我们正身处一个前所未有的时代。纵观千百年的人类历史，几乎没有哪一代人能像我们这样，同时经历两场划时代的技术革命——先是互联网，后是人工智能。这是历史馈赠给我们的机遇，更是时代赋予我们的使命。当网络浪潮席卷世界时，我们曾亲眼见证信息如何将人类紧紧相连；当AI大幕开启，我们又将目睹智能如何重新定义每一个行业、每一种生活方式。站在这两次浪潮的交汇点，我们深知自己的责任重大。我们这一代人，既是变革的亲历者，也是未来的塑造者。时代在呼唤我们挺身而出，以在互联网时代积累的经验与教训，引领AI时代的航向。怀揣使命，我们定当不负这独一无二的托付，在历史的新篇章中奋力书写属于我们的壮丽篇章。

未来已来，我们皆是这历史洪流中的一滴浪花。愿你我不负时代的馈赠，不负内心的热望，在AI时代携手共进，谱写无愧于心的人生华章。

扫码分享本书

目录

引言

"改变是生命法则。那些只看过去或现在的人肯定会错过未来。"

——约翰·F·肯尼迪（John F. Kennedy）

20世纪末，一部名为《主权个人》的预言性著作大胆断言，数字技术、加密货币的兴起将让世界变得前所未有地充满竞争、更趋不平等且更不稳定，而传统政府的角色将逐渐式微。在这样严酷的环境中，它描绘了一个未来景象：唯有那些才华出众、能够自力更生并精通新技术的个人——也就是所谓的"主权个人"——才能茁壮成长。如今，当我们站在21世纪中叶回望，这一预言正部分成真：信息革命正从根本上改变着个人与政府之间的权力动态，民族国家昔日的绝对影响力日渐减弱，而个人的主权意识和自主能力正在崛起。这看似充满挑战的未来图景，其实也蕴含着对我们的激励：它提醒每一个普通人，只要敢于拥抱技术、提升才能，我们也可以在这竞争激烈的时代中掌握自己的命运。预言中的"主权个人"不再只是少数精英的特权，而有望成为你我努力的方向——在数字时代，每个人都有机会通过创新和学习，成长为那样自立自强、纵横天下的强大个体。我们已经开始目睹这种变革的端倪：普通人正借助技术获得前所未有的话语权与影响力。这意味着，只要我们积极顺应时代浪潮，就能在新的社会结构中找到属于自己的重要位置，甚至引领一方。

回顾历史，每一次技术革命都在重塑社会的组织形态与权力格局。举例来说，当火药和大炮等军事新技术出现后，昔日割据一方的私人领主再也难以依靠私人武力保卫他们的领地和财产，这迫使更强大的中央集权国家崛起，以维持社会秩序并保护生产成果。同样地，信息时代的尖端技术正摇撼着现代民族国家赖以存在的根基：互联网打破了地域边界，将网络空间变为人类新的生存与活动领域；个人和企业纷纷转向数字化、去中心化的体系，削弱了政府对经济与社会活动的传统控制力。人工智能（AI）的革命性突破更是进一步推动这一趋势。借助AI，每个人都有可能以指数级的速度提升自己的生产力和创造力，从而逐步摆脱对传统大型组织和特定地理位置的依赖。与此同时，脑机接口、增强现实等前沿技术正在模糊人类与机器的界限，使"人机合体"的未来成为可能。可以想见，未来的个人将部分融合科技之力，拥有过去难以想象的能力与视野。

与此同时，国家试图驯服和掌控这些新兴技术却往往力不从心。加密货币（如比特币）的兴起正是一个典型例证——它验证了《主权个人》的预言，让个人财富变得难以被强制攫取，每个人都更有能力保护和支配自己的财产。再看今天，"数字游牧民"的现象已成常态：他们通过远程工作和跨国流动，巧妙地在不同司法管辖区之间切换，以合法途径降低税负。各国政府赖以生存的传统税收基础正受到技术的侵蚀，高尖人才和资本则在全球自由流动，使得过去那种严密管控变得难以为继。事实是，科技让个人变得更加机动灵活，旧有制度正在被迫调整。2020年代以来，已有六十多个国家不得不推出针对远程工作者的"数字游牧签证"政策，以适应这一新的劳动力流动趋势。这些变化表明，权力正从旧有机构向个人倾斜，传统政府面对科技洪流显得步履沉重，难以像以往那样高高在上地主宰一切。

正是在这样的背景下，我们提出了"超级个体"的概念。所谓超级个体，指的是那些充分运用人工智能和各类前沿科技增强自我，从而获得前所未有自主权与生产力的个人。个人基于AI训练克隆出虚拟的自己，甚至是人形机器人的自己，使自己得到增强，从而成为超级个体，能够"永生"并永续工作，可以创造出更多的价值。在未来，他们就像一个个"微型国家"一样，能够不再依赖传统政府提供庇护，也不受困于固定的地域限制，而是运用数字技术在全球范围内自我实现、自立为王。试想，这样的个人可以自由选择生活和工作的地点，随身携带的电脑和智能设备就是他们的"国土"和"工厂"；他们的数字身份和资产遍布世界各地，却又牢牢掌握在自己手中。正如今天比特币等加密货币的出现已经使个人财富更难被强取豪夺，每一个人都更有能力保护并支配自己的财产，因而对国家这台"暴力机器"的依赖正日趋降低。同样道理，一旦个人能够通过技术手段自我保护、自我发展，那么传统意义上提供安全和服务的政府，其重要性也可能相应下降。

按照这种逻辑演进下去，我们可以大胆地展望未来：政府的规模和职能也许会逐渐萎缩，个人将从过去被动的公民蜕变为主动的"顾客"，而政府则演变成我们雇用来提供服务的机构。这预示着一种全新的社会图景：主权将从国家层面进一步下放到个人，每个体都拥有更大的选择权和支配权。各种新型的社会组织形态将有机会百花齐放——从自治的数字社区到按兴趣集结的网络联盟，未来的社会可能比以往更加多元。而在这样的时代，每一个善于拥抱技术的人，都有机会成为"超级个体"中的一员，在自己的领域开创一片天地。

对于当今的创业者、学生和白领而言，这一前景既令人振奋又发人深省。它意味着个人的潜能将被无限放大，每个人都有可能凭借创意和努力成为独当一面的力量。我们不再只能仰赖庞大的组织或生于某片土地所给予的优势，而是可以通过自身的学习与创新，在全球范围内获取资源、影响他人。未来属于那些勇于掌握主动权的人：只要我们敢想敢为，我们每个人都有机会将自己锻造成一个拥有高度自主和影响力的"超级个体"，成为时代洪流中真正的主角之一。

本书《超级个体》正是延续了《主权个人》的逻辑框架，从一种"未来史"的视角出发，辅以实证分析的方法，来探讨技术变革如何重新定义个人与社会的关系。在接下来的章节中，我们将纵览历史演进的脉络和当下正在发生的趋势，以前瞻性的眼光描绘即将到来的巨变图景。这部书既包含对未来大胆的想象，也扎根于详实的数据和案例分析，旨在将预言式的未来叙事与现实依据紧密串联，为读者展现一个既令人振奋又可信的未来蓝图。

我们希望通过这样的论述，不仅帮助读者理解这场变革的背景和走向，更要激发大家的思考与行动力：在变革浪潮面前，你我都可以有所作为，主动选择自己的位置。

在本书，我们将串联起预言性的未来叙事与翔实的现实数据。在最后的结语部分，我们会总结"超级个体"时代所面临的挑战与机遇，并对未来的发展提出若干开放性的问题供读者思考。同时，我们也准备了详尽的附录，包括相关术语的解释、延伸阅读书目以及可能的技术发展年表等，方便有兴趣的读者在阅读主文之后进一步探索这些话题。通过主文与附录的结合，本书希望为读者提供一个既有深度分析又有实用指引的完整框架。

现在，就让我们从当下出发，沿着历史的脉络与技术演进的轨迹，携手展望"超级个体"崛起的未来史诗篇章。希望这场思想之旅能点燃你心中的热情，激发你迎向未来的勇气与想象力。

1

第一章 人工智能赋能下的个人崛起

"人工智能是人类正在创造的最深远的技术，它将改变我们的工作和生活方式。"

—— 桑达尔·皮查伊（SUNDAR PICHAI，谷歌CEO）

当前，有关人工通用智能（AGI）何时问世的预测众说纷纭，但无一例外都认为这一幕已经可以在不远的将来看到曙光。一方面，OpenAI等顶尖实验室的领军人物频频暗示：AGI可能在未来数年内出现；DeepMind的首席执行官戴米斯·哈萨比斯甚至乐观地估计，到2030年前后实现AGI的概率高达50%。另一方面，一些研究机构（例如未来生活研究所）指出业内看法出现两极分化：有的前沿科研人员根据近年大型语言模型能力的飞跃，直觉判断超越人类的AI或许只需两三年时间；而机器学习领域更广泛的中位观点则认为，达到AGI仍需几十年的探索和突破。这种分歧并非偶然——AI发展史上既有惊喜的加速，也有瓶颈的延宕。但值得注意的是，就连"深度学习三巨头"中的辛顿和本吉奥近日也纷纷警示，超级智能在五年内诞生的可能性不容忽视。这些声音交织在一起，渐渐勾勒出一个日益清晰的共识：人类正加速逼近通用人工智能的临界点，历史性的转折近在眼前。我们正生活在一个潜在巨变的前夜，既充满机遇又伴随未知，每个人都将见证这一关键时刻的到来。

那么，一旦AGI真的实现——当机器智能全面超越人类之后——等待我们的将是什么图景呢？许多人或许会担心，机器获得超级智能后，人类个人会不会因此黯然失色、被时代淘汰？但事实很可能恰恰相反——当通用人工智能的智慧超越人类之日，或许正是普通人蜕变为"超级个体"的开始。AGI不仅不会让人的价值消失，反而将成为每个人能力的"乘数"，带来个人能力的飞跃式增强。在知识获取、创造力、协作以及自主性等各个方面，AGI都有望让普通人获得过去难以想象的新能力。具体来说：

首先，知识获取方面：每个人的身边都将拥有一个无所不知的AI导师或助手。AGI有望赋予所有人难以置信的新知能力——我们可以想象，任何人在几乎任何认知任务上都能得到AGI的即时帮助。它会成为人类智慧的"增幅器"，大幅拓展个人获取知识和解决难题的深度与广度。许多过去需要长期学习或专业训练才能掌握的知识技能，在AGI的辅助下，普通人也能以更快的速度领会；而复杂问题的解答也不再是专家的专利，因为AGI可以实时提供权威的分析与解决方案。这意味着长久以来横亘在人们之间的知识鸿沟将被大大缩小，"万卷智库随侍在侧"的愿景将真正成为现实。无论你是学生、职场新人，还是正在转行学习新技能，有了AI导师的支持，你都能以前所未有的效率掌握新知识，终身学习的道路变得更加平坦宽广。

其次，在创造力和创新方面：AGI将成为人类创意的强力催化剂。个人与AGI的协同创作可以激发出前所未有的灵感火花。借助AGI，普通人也能够进行过去只有大型团队才能完成的创意探索。AI可以根据人类的一个想法，生成海量的方案、草图和设想供我们筛选，从而引导人类突破思维局限，攀登想象力的高峰。以前，也许一个庞大团队需要集思广益数月才能完成的创意项目，如今一个人加上一名AI助手几天内就能做出初步的原型。我们已经看到一些雏形：开发者利用AI代码生成工具在短时间内编写出复杂程序，美术设计师通过AI图像生成来快速迭代灵感……这种人机共创的模式下，普通人的想象力经由AGI的扩张得到几何级的放大。创作将不再受制于个人经验或知识的局限，而是成为人与机器智慧融合后的产物。对于怀揣创意的创业者和创作者而言，AI将赋予他们"点石成金"的力量，让大胆的创想更快照进现实。

再次，在协作能力方面：AGI将为每个个体配备一个随叫随到的"智囊团队"。一个普通人可以指挥一组专属的AI代理去处理不同领域的任务，就仿佛率领着由多名专家组成的虚拟团队。跨语言、跨专业的协作也将变得轻而易举——AGI可以自动协调各个环节，调度资源并充当不同语言之间的翻译，让个人完成那些过去只有大型组织才能推进的复杂项目。地理和机构的界限因此被进一步打破。正如我们已经在远程办公和云服务的浪潮中所见，人工智能正把"办公室"搬进云端，让个人可以在任何有网络连接的地方为全球创造价值。你完全可以身处乡村或旅行途中，通过AI助手与来自世界各地的合作者协同完成一个项目，而无需亲自坐在同一会议室。一人公司、分布式团队将成为常见的现象——也许很快，我们就会看到只有一个人却借助众多AI而达到独角兽企业规模的创业案例出现。

最重要的是，AGI的出现将极大提升个人的自主性。当每个人都能调动相当于无数人力的智能资源时，我们对传统大型机构的依赖将前所未有地降低。过去，一个人若要完成复杂庞大的项目，往往必须借助公司提供资金、人手和管理支持；而在强大的AGI辅助下，个人即可调用海量的智慧与工具，独立实现宏大的目标。这意味着，社会各领域将会出现越来越多由小团队甚至个人撼动大机构的情形。例如，一位独立开发者凭借AGI支持就能研发出媲美大型公司团队成果的产品；一个自由内容创作者借助AI生成技术可以制作出与传统媒体巨头相抗衡的作品。随着个人俨然拥有了"迷你公司"的能力，他们更倾向于以自由职业者或创客的身份参与经济活动，而非充当庞大组织里的一颗螺丝钉。我们可以预见，在AGI时代，"个人主导"而非"公司主导"的产业格局将逐步成型，每个人都可能成为一个高效自治的自雇单元。个人能够自主选择要解决的问题，并动用AGI资源去完成，从而在全球范围内自我实现、自给自足。

对于每一个勇于创新的人来说，这意味着机会前所未有地向个人倾斜。你完全可以凭借一己之力，在AI的帮助下做出过去需要一整个公司才能完成的事业。正如《主权个人》所预见的，技术进步正在将主权从庞大的国家和组织下放给个人——而AGI的出现将把这种个人赋权推向极致。未来，我们每个人都可能成为更独立、更有主见的价值创造者，在社会舞台上扮演更举足轻重的角色。

总而言之，通用人工智能的降临与其说是人类个体的终结，不如说是普通人进化为"超级个体"的契机。AGI不会取代人的价值，恰恰相反，它将充当人类智慧的"倍增器"，全面强化个人在知识、创造、协作和自主等方面的能力。每一个积极拥抱AGI的人都有机会跃升为前所未有的强大个体，在人类文明的新篇章中扮演举足轻重的角色。"超级个体"的崛起已经出现在地平线上，一个属于个人力量解放与飞跃的新时代正在到来。

从蒸汽时代到智能时代的个人生产力飞跃

历史经验表明，技术进步往往赋予个人更大的能力和自主性。从蒸汽时代开始，个人借助机械动力大幅扩大了自身的体力；在信息革命中，个人又借助计算机延伸了脑力。而如今席卷全球的人工智能革命，正让个人在生产、创造与协作等方面迎来质的飞跃。AI算法能够在瞬间处理海量数据、执行复杂任务——这些在过去往往需要庞大的组织或专业团队才能完成的工作，如今一台计算机加上AI助手的个人就可以胜任。

举例来说，过去开发一款复杂的软件可能需要一个十几人的团队协作数月，而现在一名程序员配合AI代码生成工具，仅用几天就能做出功能完备的原型。再比如，以往一个内容创作者也许一年才能完成一部作品，而现在借助AI生成技术，他可以在同样时间内创作出多部高质量作品。独立的科研人员通过AI快速分析海量实验数据，同样能够取得不逊于大型实验室的成果。这种效率的指数级提升正显现出"一人就是一家公司"的趋势：人工智能正成为个人能力的"增强器"，让单枪匹马的个体也能取得以往只能依靠组织力量才能实现的成就。

对于善于利用AI的人来说，这意味着真正的生产力红利。未来，每个勇于尝试新科技的个人，都有机会凭一己之力创造出令世界瞩目的成果。就像工业时代的单人车间孕育出了发明家，信息时代的车库诞生了世界级公司一样，智能时代也许会由个人驱动，创造出新的奇迹。

远程协作与地理束缚的消解

AI赋能个人的另一方面体现在，它打破了空间对协作的限制。以往，如果一个人想获得足够的资源和支持，常常需要身处某个特定的中心城市，或者加入一家大型机构。但在人工智能和数字通信技术的加持下，地理位置对于生产力的影响正被大幅削弱。如今，通过互联网可以随时获取强大的AI云服务，分布在世界各地的个人能够实时协作、共享AI带来的资源和知识。此外，自2020年代兴起的远程办公革命，让人们逐渐习惯于在虚拟空间中完成工作。越来越多所谓的"数字游牧民"不断涌现：他们只带着笔记本电脑和智能手机穿行于不同国家，通过网络为全球客户提供服务，并依据各地政策环境选择最优的生活和工作方式。

这样的生活形态在二十年前近乎天方夜谭，而如今已经相当普遍：有的软件工程师长期旅居在东南亚的海岛上，一边在椰林下写代码，一边白天通过视频会议与欧美团队开会，晚上戴着VR设备参加硅谷的研讨会；又比如，一位创意设计师可以用半年时间游历数国，一边旅行一边在线承接来自世界各地的项目。人工智能等技术正在把办公室彻底搬进云端，让个人真正实现了"居于天地，游于四海"的自由。我们不再需要被束缚在某座城市或某家单位，才能获得生产资料和接触市场；只要连上网络，你就可以在地球上的任何角落创造价值并获取收入。

对于敢于打破常规的人来说，这意味着生活方式的全新可能。你的办公室可以在任何地方：海滩、山林、异国他乡——科技让工作与生活的界限更加灵活，每个人都可以根据自己的理想去选择生活半径，而不必为了职业牺牲对生活环境的偏好。

个人对组织的依赖下降

随着AI工具的普及，个人所能支配的资源和能力越来越接近大型组织的水准。过去，一个人想完成复杂项目，通常需要企业提供资金、人员分工和管理支持；而现在，一个人利用AI就能调用相当于众多人力的智力资源和生产工具。这使得个人对于传统科层组织的依赖显著降低，许多行业已经开始出现"小团队甚至个人撼动大机构"的案例。

例如，在新闻领域，一位独立记者借助AI可以自动撰写报道摘要、生成多媒体内容，其传播影响力足以与大型媒体机构相抗衡；在制造业领域，一名创客个人利用AI辅助设计和"桌面工厂"（如3D打印等设备），也能生产出精密的器械，不再需要昂贵的工厂生产线。当个人拥有了相当于"迷你公司"的能力，他们更倾向于以自由职业者、个体创业者的身份参与经济活动，而非成为庞大机构中的一枚齿轮。这一趋势正在悄然改变社会结构：自由职业平台和创客空间蓬勃发展，大公司也开始放松传统的雇佣关系，转而与独立个体合作。可以预见，随着AI的进一步发展，很多行业将呈现"个人主导"而非"公司主导"的态势，每个人都可能成为一个高效自治的自雇单位。

这一变化也呼应了《主权个人》的预言：互联网和数字经济的兴起让人们能够跨越国界进行商业活动和管理财富，削弱了传统国家和大型企业对资源分配的垄断地位。如今，科技正在将这种权力下放推向更广泛的人群。对于个人而言，这是释放潜能的机会；对于社会而言，则意味着传统组织形式需要不断革新以适应个人崛起的新现实。

"主权个人"的现实萌芽

事实上，当下社会已经出现了越来越多"超级个体"（或曰"主权个人"）崛起的苗头。我们不妨环顾四周：比特币等加密货币在全世界蓬勃发展，许多人通过数字资产有效地保护和增值财富，不再完全依赖国家发行的货币体系；自由职业和"一人创业"正成为新风潮，一些开发者、网红、博主通过个人奋斗和科技助力建立了全球化的事业；去中心化的在线社区和自治组织（DAO）不断涌现，打破了地理限制，实现了自下而上的协作治理；还有不少专业人才选择成为"数字游牧民"，在不同国家之间转换生活和工作，追求更高的个人自由度。这一系列真实案例表明，"超级个体"时代并非空中楼阁——它的基础正在现实中扎根发芽。

越来越多的普通人凭借技术手段实现了过去难以想象的自主和成就：有人远程创业打造出了跨国公司雏形，有人通过网络学习掌握多项技能成为斜杠青年，还有人运用社交媒体和自媒体平台发出了有力的个体声音……这些现象都是"主权个人"思潮的现实映射，预示着个人崛起的时代已经在拉开帷幕。对于我们每个人而言，这些趋势既是鼓舞也是召唤：它提醒我们只要善用手中的技术和资源，平凡人也能迸发出改变世界的一束光芒。

挑战：就业形态与社会保障的重构

然而，在AI赋能个人的美好愿景之下，也潜藏着对传统就业模式和社会保障体系的冲击。随着越来越多的人选择自由职业、远程工作甚至成为"一人企业"，我们现有的劳动形态正发生深刻变化。稳定的终身雇佣和朝九晚五的办公模式被不断解构，取而代之的是弹性多变的职业轨迹：有人同时身兼数职，有人频繁转换身份角色。在这样的背景下，传统为标准就业模式设计的社会保障体系（如养老金、医疗保险、失业救济等）将面临重重挑战。

当越来越多人不属于某个固定单位、而是作为独立个体参与经济活动时，如何确保他们在失业、生病、年老时依然有基本保障？如果一个人既是自己的老板又是自己的员工，现行法律下雇主承担的义务该如何重新划分？此外，技能的迅速迭代也可能加剧就业的不确定性——即便AI帮助个人变得更高效，也可能使一些传统岗位加速消失，迫使许多人不断学习新技能以适应变化。这对于那些缺乏资源或学习机会的人而言，无疑是一大挑战。社会必须探索新的解决方案，例如建立更灵活的社保账户、推行全民基本收入或终身教育体系，以适应"超级个体"时代的就业新常态。

可以预见，未来的社会制度需要进行相应的革新，才能跟上个人崛起所带来的节奏。一方面，我们要鼓励个人大胆创新，充分享受技术红利；另一方面，也必须确保在这场巨变中没有人被遗忘，尽量避免出现新的不平等和断层。对每一个正迈向超级个体时代的社会而言，这都是一道必须认真应对的考题。

2
———

第二章 超级个体

"为那些疯狂的人乾杯……因为那些疯狂到认为自己可以改变世界的人，才是那些这样做的人。"

—— 史蒂夫·乔布斯

超级个体的定义与核心特征

"超级个体"是指充分运用人工智能等前沿技术来增强自身，从而获得前所未有自主权与生产力的个人。简单来说，超级个体具备过去只有大型组织才拥有的能力，却由单个个体加持科技实现。在信息和AI革命的推动下，这些个人成为了自给自足的"微型组织"或"微型国家"。他们不再依赖某个公司、机构或特定地域提供支持，而是利用数字技术在全球范围内自我实现、自立为王。例如，一个超级个体可以自由选择生活和工作的地点，随身携带的笔记本电脑和智能设备就是他们的"国土"和"工厂"。他们的数字身份与资产遍布世界各地且由自己掌控，真正实现了个人能力的跨越式提升。

超级个体拥有以下核心特征：

- **高度自主性**：超级个体在经济和决策上具有前所未有的自主权，不再依附于传统雇佣关系或组织框架。他们能够自主选择项目和目标，运用技术手段自我保护、自我发展，在知识获取、创意产出和职业规划上实现自我掌控。这意味着个人可支配的资源与能力达到过去需要大型团队才能匹敌的水平。随着AI助手和自动化工具的普及，一个人可以调用相当于无数人力的智慧资源来完成复杂任务。个人对于公司和科层组织的依赖由此大幅降低，出现了"小团队甚至个人撼动大机构"的案例。例如，一名独立开发者借助AI支持就能开发出媲美大公司团队成果的产品；一个自由内容创作者通过AI生成技术制作出与传统媒体巨头相抗衡的作品。

- **AI协同能力**：超级个体善于将人工智能视为"能力倍增器"。他们与AI助手或代理人紧密协作，人机结合产生的效能远超单一人力。例如，在知识获取上，每个人身边都有一个无所不知的AI导师，帮助普通人以极高效率学习新技能、解决复杂问题。在创造力方面，人机协作可以激发前所未有的灵感火花——以前需要团队数月完成的创意项目，如今一人加一AI助手几天内就能做出原型。在协作层面，个人可以指挥一组AI代理处理不同领域任务，仿佛率领着一个虚拟专家团队。跨语言、跨专业的合作变得轻而易举：AI自动协调各环节并充当翻译，让个人完成过去只有大型组织才能推进的复杂项目。因此，超级个体通常具备出色的AI协同能力，能够熟练调用各类大模型、自动化脚本和智能代理，将之融入自己的工作流，实现"1+N"人的效果。

- **技术栖居力**：这是指个人在数字技术环境中的生存与适应能力。超级个体往往是数字时代的"原住民"，他们对新技术有极高的敏感度和适应力，能够将科技无缝融入生活和工作。他们善于利用线上平台、远程协作工具和虚拟空间开展业务，在技术世界中如鱼得水。例如，超级个体熟练运用云服务、开源社区和远程办公模式，足不出户即可连接全球资源。他们可能是数字游牧民的典型代表：只需一个笔记本电脑就能穿行各国，通过网络为全球客户创造价值。这种技术栖居力使他们能够"居于数字、游于四海"——不受地理环境束缚，在任何有互联网的地方工作生活。他们对最新的软件工具、在线平台、AI应用等了如指掌，并持续学习更新，使技术真正成为自身能力的延伸。

- **自我延展性**：超级个体善于通过技术手段复制和延展自身的影响力。借助AI，一个人可以训练出自己的数字分身或代理，使自己的能力得到多线程扩展。例如，一些人已经开始训练AI克隆人——基于自己的声音、形象和知识创建数字替身，在虚拟社区中替自己活动。这样的AI分身不仅是一串代码，还可以是高度逼真的虚拟数字人形象，甚至结合机器人实体，在现实中替代真人完成工作。这意味着超级个体有潜力实现某种程度的"数字永生"和24/7不间断工作：即使本人在休息或身处他处，他的数字分身仍在创造价值。自我延展性使个人突破了生理时间和空间的限制，在多个领域、多个场景并行发挥作用。这一特征在未来将更加显著，随着个性化的大模型和仿生机器人发展，每个人都可能拥有"另一个自己"来协助工作和生活。

综上，超级个体并非科幻式的超人，而是利用新兴技术将个人潜能最大化的现实产物。正如《主权个人》一书所预言，技术进步正在将权力由庞大组织下放给个人。在AI时代，每个勇于拥抱技术的人都有机会把自已锤炼为这样一个高效自主、影响广泛的超级个体，成为时代舞台上真正的主角。

超级个体的类型划分

超级个体并非千人一面。根据他们所擅长的领域和运作模式，我们可以将超级个体大致分为以下几种类型，以更好地理解其多样性：

~

◆ 技术型超级个体

技术型超级个体是指以科技研发与创新为主要手段，实现个人价值最大化的一类人。他们通常拥有深厚的编程、工程或数据科学背景，善于独立开发出具有影响力的技术产品或解决方案。在AI赋能下，这些个人开发者和工程师的生产力得到空前提升。例如，一名程序员借助AI代码补全和生成工具，可以在极短时间内完成过去需要团队协作数月才能开发的软件原型。云计算和开源社区进一步降低了个人开发门槛，使单枪匹马的工程师也能获取海量资源和知识支援。

技术型超级个体往往活跃于开源社区、黑客马拉松和创业孵化等场景。他们以一人之力构建技术产品，并通过互联网直接将产品提供给全球用户。例如，曾经风靡一时的手游Flappy Bird就是由越南独立开发者阮哈东（Dong Nguyen）在几天内编写完成，全球下载量数千万；又比如许多热门的开发者工具（如linters、打包工具等）最初都是个人在GitHub上创建并维护，后来获得广泛采用。全球协作平台的兴起极大助力了这类个人的成功——截至2023年，GitHub上已有超过1亿开发者在共同协作；其中不乏个人主导的项目对行业产生重大影响。在AI时代，这类技术先锋还能利用大模型开放接口训练属于自己的模型、构建AI驱动的新产品。一些"一人AI公司"已崭露头角：个人开发者利用开源的GPT模型微调出专用聊天机器人、独立运营提供API服务，用户遍布世界各地。这种现象验证了"一人就是一家公司"的趋势，技术型超级个体正在以个人创造力和工程实力，撼动传统科技公司的地位。

技术型超级个体如何产生价值？首先，他们创造创新的技术产品，这些产品本身可以通过订阅、授权或广告等模式变现。其次，他们往往在社区中享有声誉，从而获得咨询、定制开发等收入机会。再次，由于个人品牌突出，风险投资也开始关注"一人创企"：有些顶尖开发者甚至在产品成型前就获得天使投资，以个人IP为背书进行创业。可以说，技术型超级个体凭借"一人千面"的开发能力和AI增效，实现了对传统技术创业模式的颠覆——过去需要一个十人团队的创业项目，如今一两个人就能启动，在市场上快速试错迭代。

◆ 创意型超级个体

创意型超级个体指的是在内容创作、艺术设计、媒体制作等领域，通过个人创意与AI工具结合，实现规模化产出的个人。这类人可能是独立作家、艺术家、视频博主、音乐人等。他们善于利用AI提供的创作辅助，将个人才华放大到前所未有的高度。

例如，一位数字艺术家可以借助图像生成模型（如Midjourney或Stable Diffusion），在短时间内创作出风格各异的大量作品用于插画、设计等商业用途。以前可能需要几十名动画师协作完成的视觉设计，现在一个人加上AI就能生成雏形。再如，独立影片制作者运用AI视频编辑和合成工具，实现了高质量特效的低成本制作；音乐创作者利用AI作曲和配音助手，能够快速产出专业水准的曲目。个人内容生产力的指数提升，使得创意型个人可以同时运营多个创作项目，满足不同受众需求。

这些创意型超级个体往往通过全球性的数字平台直接触达受众和市场。YouTube、TikTok等视频平台让个人视频创作者获取数以百万计的观众并从广告分成中获利；Substack等订阅制媒体平台使独立作者可以直接向读者提供付费内容；NFT市场则为数字艺术家提供了直接变现其作品的新渠道。在全球范围内，内容创作者大军正在崛起——据统计，截至2024年全球已有超过2亿人参与到广义的创作者经济中，从全职数字创业者到兼职内容爱好者。其中顶尖的个人创作者，其影响力和收入甚至超过传统媒体机构。例如，某些知名YouTuber的年收入达数千万美元，订阅用户数以千万计，他们背后并无大型团队支持，内容策划、制作几乎全由个人完成。这种个人IP直接变现的模式，是创意型超级个体价值创造的典型路径：他们打造出独特的内容和品牌，通过流量变现、粉丝打赏、周边商品等方式获得可观收益。

需要强调的是，AI对创意型超级个体的赋能不仅在于效率，更在于拓展创意边界。AI可以提供无限的灵感参考和草稿试验，使个人创作者跳出固有经验，探索全新风格和题材。过去个人能力局限于自身技艺，如今AI成为他们的"创意合伙人"，一起完成以前只有大型团队才能驾驭的创作工程。因此，我们看到越来越多的自由作家出版高产的系列小说（AI辅助写作），独立游戏开发者推出现象级作品（AI生成美术和剧情），自媒体博主日更高质量内容（AI辅助剪辑和配音）等等。创意型超级个体正借助技术将"个人创造"升级为"个人产业"。

◆ 平台型超级个体

平台型超级个体是指善于利用现有大型数字平台的资源和生态来放大个人能力、建立个人事业的个体。与技术型和创意型有所不同，平台型超级个体并不一定专注于自主开发新技术或原创内容，他们更像是平台生态的精通者，通过整合利用各种在线平台提供的工具与渠道，实现一人规模的商业运作。

这类人包括顶尖的电商卖家、自媒体带货达人、独立教育者等。比如，一位网店店主运用淘宝、亚马逊等电商平台的基础设施，一人经营年销售额数百万的跨境店铺；他们借助平台提供的物流、支付和流量支持，无需庞大团队也能服务全球客户。又如，独立教师通过Udemy、网易云课堂等在线教育平台发布课程，靠个人积累的知识每年获得上万人次的付费学习订阅；平台提供了教学工具和市场，使教师无需学校雇佣即可自建"个人大学"。再如，知识型网红利用知乎、领英等社区平台分享专业见解，聚集起庞大粉丝后开启咨询、出版等业务，实现个人品牌的商业转化。

平台型超级个体的典型运作模式是借船出海：借助大型平台现有的用户基础和功能模块，个人专注于自身核心专长（商品、内容或服务），其它环节交由平台赋能。这降低了创业门槛，让个人能专心发挥自身价值。例如，GitHub等开发者平台让个人程序员在全球协作、展示代码才华，并通过赞助或接包获利；YouTube提供全球最大的视频分发渠道和广告分成机制，使一个人就能运营"个人电视台"；Notion、Figma等协作工具平台甚至催生了个人模版设计师、自由产品顾问等新职业——他们制作的模版或设计方案在平台上售卖，源源不断带来被动收入。

值得关注的是，平台型超级个体常常通过组合多平台来扩展影响力和收入来源。例如，一位美食内容创作者可能同时经营抖音短视频引流、微博公众号变现、淘宝店销售厨具，实现流量变现的闭环；一名独立音乐人或许在TikTok上走红获取粉丝，再在Spotify/Apple Music上发布付费专辑，同时通过Patreon提供会员服务。不同数字平台的联动，让个人得以构建起多元化的一人商业帝国。正因如此，有人将这些灵活运用平台的个人称为"微企业家"——他们以个人为单位，却运用平台之力拥有了企业般的市场触达和经营能力。

平台型超级个体创造价值的方式在于高效配置平台资源：他们熟悉平台规则和算法，懂得获取流量红利；他们擅长使用平台提供的分析工具优化运营；他们敏锐捕捉各平台上的风口，迅速调整策略。例如，一位自由职业者可以同时在Upwork接项目、在LinkedIn建立专业形象、在Medium撰写行业洞见，最终将各处的声誉转化为接不完的生意机会。可以说，这类超级个体扮演了个人与平台生态接口的角色，他们将平台当作自己的"员工"和"渠道"，以极小的组织成本撬动了极大的市场版图。

◆ 数字克隆型超级个体

数字克隆型超级个体是最具未来感的一类，他们利用AI和数字化手段复制自己的部分能力或人格，使个人价值得到成倍扩张。通俗地讲，就是通过打造个人的数字分身，让"另一个自己"在虚拟空间中并行工作、创造价值。这种类型目前还在早期阶段，但一些先行者已经展现了其雏形。

一种典型场景是虚拟数字人和AI主播。有些内容创作者开始训练AI模型模仿自己的声音和形象，生成虚拟主播来替代真人进行视频制作或直播。当真人需要休息时，数字克隆人仍能持续产出内容，做到24小时不间断运营。例如，中国已有主播尝试让自己的AI数字人分身进行带货直播，大大提高了直播频次和覆盖面。据报道，头部主播的价值正从个人表现力延伸至数字分身的开发与运营——也就是说，顶尖内容创作者不再仅比拼本人上镜表现，还竞争谁的AI分身更加栩栩如生、能"永不疲倦"地吸引观众。再比如，企业高管可以训练专属的AI客服代理，以自己的风格和专业知识解答客户问题，让客户感觉始终在与创始人本人交流，从而提升信任感和服务效率。

更超前的一步，一些科技达人开始尝试个人全息助理和数字永生。他们将自己大量的日记、作品、社交媒体内容输入AI模型，生成一个在思想和表达上接近本人的数字对话代理。这个代理可以在他们离线甚至去世后继续与人互动，回答问题，延续其思想影响力。比如，加密社区人士Alex Masmej曾通过发行个人代币来募集资金，并计划开发以自己为蓝本的AI助手，持有他代币的人可以随时咨询这个"数字Alex"获取建议。尽管这听起来颇具"黑镜"色彩，但技术的发展正让其逐步成为可能——个人的邮件、聊天记录、创作素材都可作为训练数据，"数字克隆"的准确度和智能水平不断提高。硅基智能公司在2025年世界人工智能大会上甚至提出了"AI超级个体"的概念，展示了如何利用数字人和声音克隆技术打造个人数字孪生。

数字克隆型超级个体如何运作并产生价值？首先，他们实现了时间的克隆。通过分身，个人可以同时在多个场合出现：比如一位导师的AI数字人可同时给千百名学生授课答疑，而真人仅需专注设计课程内容即可。其次，他们实现了技能的克隆。一个人或许只能精通数项技能，但通过不同AI代理，可以在各个垂直领域发挥专业能力——就像拥有多个分身各司其职。例如，数字克隆可以帮作家润色文章、帮程序员调试代码、帮销售跟进客户，如同个人拥有了一个随叫随到的团队。最后，他们探索了生命的克隆。数字分身能够在个人无法亲自参与时持续发挥作用，甚至在个人退出劳动后（退休或离世）继续产生经济价值——这为"数字永生"提供了商业模型。正因为有这些潜力，一些创业者和投资人开始关注"个人AI代理"方向的机会，将之视为下一代超级个体的标配能力。

需要指出，目前数字克隆型超级个体仍处于兴起阶段，相关伦理和法律问题（如分身的法律地位、隐私保护等）有待讨论。但不可否认的是，一旦技术成熟，其带来的个人能力跃升将是革命性的：每个人都可能拥有多个"自己"协助生活与工作，个人边界将被彻底改写。可以预见，这类超级个体将在未来十年中崭露头角，成为个人变革的新前沿。正如有人畅想的那样，我们终将看到仅靠一人但借助众多AI代理就达到独角兽企业级别的创业案例——而这正是数字克隆型超级个体的终极形态。

超级个体崛起的驱动因素

超级个体现象的出现，并非偶然个例，而是多种技术与社会因素合力催生的结果。AI时代赋予个人前所未有的工具和机遇，同时数字平台与新型资本机制为个人崛起提供了土壤和养分。本节我们梳理超级个体背后的关键驱动因素：

～

◆ AI技术与工具革新

大语言模型（LLM）与生成式AI：近年来，GPT-4等大型语言模型的突破使人工智能真正成为大众可用的赋能工具。ChatGPT等通用对话AI在2023年上线仅两个月用户数即突破1亿，刷新历史纪录。这意味着几乎任何人都能拥有一位智能助手，随时提供知识、灵感和建议。AGI雏形的出现，使普通人的知识获取能力和决策能力倍增。"AI导师""AI顾问"正走入寻常百姓，成为个人智力的乘法器。对于超级个体而言，大语言模型降低了专业门槛——一个创客无需精通法律，也能通过AI获得法律意见起草合同；一名设计师不会编程，也可让AI生成简单脚本实现交互作品。可以说，通用AI使人人皆可调用专家智慧，个人能力天花板被大幅抬升。

- 智能代理与自动化：除了提供智力支持，AI正在变成可执行任务的代理人。AutoGPT、GPT-Engineer等实验性项目展示了AI自主连贯执行任务的潜力：用户只需提出目标，AI代理便可自行生成计划、调用工具一步步完成。这让个人仿佛拥有了一个不知疲倦的数字员工队伍。比如，一位自由作家可以部署AI代理帮自己在各大平台发布推广文章；创业者则能让AI根据用户反馈自动迭代产品原型。多代理协同进一步放大了个人效能——有人将不同专长的AI代理组队分工，例如"市场调研Agent""客服Agent""编程Agent"等，各司其职互相配合，最终由人汇总决策。这种模式让个人能够驾驭接近一个小型公司的复杂业务。正如前文所述，一个普通人指挥一组AI代理处理跨领域任务，形同率领虚拟专家团队。随着代理的决策力和可信度提升，超级个体将愈发依赖这些看不见的助手来扩展自己的工作半径。

- 低代码/无代码平台：不仅在AI，软件开发领域的低代码革命同样赋能个人。低代码工具让非科班出身的人也能开发应用和网站。据Gartner预测，到2028年80%的科技产品和服务将由非职业技术人员构建，低代码平台是推动力之一。例如，使用Airtable、Bubble这类平台，一个市场营销人员无需写代码就能搭建起客户管理系统或交互式网页；会计出身的创业者利用AppSheet、PowerApps也能开发简单的业务应用。低代码缩短了从创意到产品的路径，让个人可以直接实现想法而不必依赖程序员团队。这极大激发了个人创新：各行各业的从业者都可能成为公民开发者，用工具自行解决业务痛点。由此出现了许多单人打造的软件服务，有的甚至拥有百万级用户。低代码的背后是高度抽象化和模块化的软件生态，它把复杂的底层技术隐藏起来，用拖拽组件、填表配置等直观方式让人人可参与应用开发。这一趋势让"技术非专业人士构建技术产品"成为新常态。当更多人掌握了创造数字产品的能力，超级个体的队伍也就进一步壮大。

- 去中心化与个人掌控：区块链等去中心化技术也在助力个人崛起。加密货币使个人财富不再完全受制于国家货币政策，每个人更有能力保护和支配自己的资产。智能合约和DAO（去中心化自治组织）让个人可以在无中介的情况下进行协作和交易。例如，艺术家可以直接通过NFT将作品卖给全球收藏者，中间不需要画廊经纪；开发者可以加入去中心化的开源项目社区，按贡献自动获得代币激励，而不必受雇于公司。Web3概念提倡用户主权和价值由用户创造分配，这与超级个体理念一脉相承。当数据、内容的所有权回归个人掌握（如创作者通过内容NFT持有作品所有权、用户通过去中心化社交掌控个人数据），个人从平台那里重新获得了议价权与收益权。去中心化工具还包括像分布式云服务、个人数据金库等，使个人能够在不依赖中心机构的情况下获取计算资源、管理数字身份。这些技术都在强化个人对自身数字命运的掌控力，让超级个体崛起有了更稳固的技术底座。

～

◆ 平台生态助力

全球化数字平台为个体的腾飞提供了前所未有的舞台。正如前文讨论的创意型和平台型超级个体所示，当今诸多巨型平台直接服务于个人用户，并为个人创造者、创业者提供基础设施。比如，社交媒体和内容平台将分发渠道民主化，让个人可以免费或低成本接触亿万受众；电商平台与支付系统降低了交易成本，个人卖家可直达消费者；云计算平台按需提供算力和存储，让个人开发者有与大企业相当的IT资源。可以说，大平台在通信、计算、金融等方面搭建的底层设施，被个人所共享利用，从而大幅缩小了个人与大组织在资源获取上的差距。过去个人创业需要解决的"难题"（建服务器、铺渠道、国际支付等），如今很多都可以交给平台解决，个人则专注发挥自身专长。

更重要的是，许多平台主动推出赋能个人的计划。例如，YouTube早在2007年就启动了创作者分成计划，开启了平台与个人共生共赢的先河；App Store和Google Play提供了开发者分成模式，全球程序员只要缴小额年费即可上架应用获取收入；GitHub推出Sponsors赞助功能，让开源项目的个人维护者可以直接从用户那里获得经济支持。再如知识分享平台知乎、有料等推出付费问答/文章功能，帮助优秀答主或作者直接变现内容。平台的制度设计越来越倾向于激励个人生产者，因为平台也需要源源不断的优质个人供给内容和服务。可以说，超级个体并非在真空中崛起，而是得益于数字平台生态的滋养。那些善于利用平台规则和资源的个人能够快速脱颖而出，成为平台上耀眼的明星用户，从而又反过来获取更大流量和资源倾斜。

值得关注的一个现象是个人与平台的协商能力增强了。顶尖的内容创作者、独立开发者由于自身掌握大量用户，开始在与平台博弈中取得更主动的地位。例如，一些知名作者在平台抽成不合理时选择自建独立网站或跳槽其他平台，迫使平台改进政策。这种博弈使平台生态更加良性，也体现了个人影响力的提升。同时，平台之间的竞争也给个人更多选择：如果某平台不友好，个人可以转移阵地，这进一步促使各平台争取超级个体加入，提供更好的分成和扶持政策。从Substack为吸引记者开出订阅收入全归作者的条件，到NFT交易市场对艺术家降低抽成比例，都是平台吸引个人入驻的竞争手段。可以预见，未来的平台生态将更加倾向去中心化和开放，以迎合个人创造者的需求——这无疑继续推动超级个体的发展。

〜

◆ 资本机制创新

超级个体的崛起还离不开新型资本机制的支持。在传统模式下，个人要做成大事往往受制于资本获取困难，而现在几种新的机制正在为个人融资、变现打开大门：

- 天使投资和微型基金：随着风险投资观念的演进，许多天使投资人和小型基金开始专注投资个人或极小团队主导的项目。他们愿意为"一人公司"提供早期资金，押注个人的才华和愿景。例如，Y Combinator等著名加速器在2020年代也录取过仅有单人创始的创业项目并提供种子基金。一些投资人甚至提出了"投资人力资本"的概念：直接投资某位天才个人，由其自由支配资金从事创新探索。对于超级个体来说，这意味着即使只有一个人的计划，只要足够优秀也能获得启动资金。Rewind AI就是一例：创始人Dan Siroker在公开招募投资时，获得了170家投资机构的认购意向，最后成功以350百万美元估值融资1200万美元 ——而当时Rewind团队不过20多人。资本对个人的追逐体现了市场对超级个体模式的认可。

- 创作者经济的直接变现：互联网催生了创作者经济，各类创作者可以直接从用户处获得收入，而非通过雇佣或传统出版渠道。例如，主播通过粉丝打赏和直播带货赚钱；漫画家通过Patreon让粉丝订阅月供支持；独立开发者通过开源赞助和插件收费获取收益。统计显示，全球创作者经济市场规模2024年已超过2000亿美元并仍在高速增长。越来越多个人以创作内容或软件为生。在这套机制下，个人即品牌，粉丝即股东：粉丝用钱包为喜爱的个人投票，个人通过持续输出回馈粉丝，实现良性循环。尤其是区块链引入后，这种关系可以更加紧密和长期——例如，艺术家发行限量粉丝代币，持有人可分享其日后作品销售收益；音乐人发行NFT专辑，粉丝购买即成为支持者兼投资者。这种直接变现机制大大减少了中间剥削，让超级个体可以从自己的创造中获取最大份额的价值。

- 个人代币化：一种更具颠覆性的融资方式是个人代币。即个人通过发行基于区块链的代币，将自己的未来收益或服务"证券化"出售给支持者。2020年，加密领域的Alex Masmej成为首批"自我IPO"的探索者——他发行了名为$ALEX的个人代币，出售本人未来3年的部分收入权，筹集了约2万美元用于创业和搬迁。持有他代币的投资者相当于持有他未来成功的"股份"，还有机会对他生活中的一些决定进行投票互动。此后，又有一些网红和运动员尝试发行个人代币，用于粉丝众筹、社区建设等。例如，国外创作者平台Rally允许主播发行社交代币奖励粉丝，提升黏性。个人代币化让超级个体可以绕开传统金融体系，直接向全球粉丝融资，同时也把个人发展变成一种可交易的资产。当然，其中伴随监管和信任风险，但不可否认其为个人融资提供了新思路。有观察者认为，个人代币未来或将演变为一种主流的"个人IPO"形式，特别是对于那些已经具有大量拥趸的个人IP而言。

- 众筹与社区支持：除了代币，传统众筹平台（如Kickstarter、众筹网）以及订阅支持平台（如爱发电）也持续发挥作用。它们使拥有好创意或才华的个人能够向大众提前预售产品或募集启动资金。例如，一位发明家可以在众筹平台展示原型视频，获得成千上万网友的预购支持，从而无需借贷就能启动生产；一位科普作者在得到读者的按月小额赞助后，得以全职投入内容创作。大众筹资本质上是将市场验证和融资合二为一：真正有号召力的个人自然能吸引资金。这种模式曾催生许多"一人爆款"项目，也补足了正式风投覆盖不到的长尾创新。对于超级个体来说，众筹考验的是个人号召力和项目共鸣度——某种意义上，这是对个人影响力的货币化检验。成功的众筹不仅提供资金，更打造了一个早期拥趸者社区，成为超级个体未来发展的坚实基础。

综合来看，新型资本机制正在拔除束缚个人发展的金钱藩篱，让"无资本的个人"也有机会获取成长所需的资源。资本的目光也从公司法人转向了优秀的自然人：他们乐于分享个人成长红利，也愿意承担支持个人创业的风险。这一趋势将吸引更多怀揣抱负的个人大胆尝试，因为他们知道只要证明自己有价值，市场会为他们"雪中送炭"。在技术、平台、资本三重驱动下，超级个体的崛起已成为我们这个时代最激动人心的变革之一。

代表性案例：AI时代的一人创企

正如前文所述，超级个体的一个重要体现是"少数人或一人团队打造出过去需要庞大公司才能完成的事业"。近几年，在AI热潮中就涌现出一批由极小团队创立，却迅速崛起的创业公司。它们的成功路径，为超级个体如何 leverage（借力）技术和资本提供了生动注解。以下选取3-5个极具代表性的案例，展示这些由少数人甚至单人团队缔造AI公司的故事。

≈

◆ Midjourney：小团队创造现象级AI绘画平台

Midjourney是一款风靡全球的AI图像生成工具，其逼真的绘图能力可媲美大型科技公司的产品。然而令人惊叹的是，Midjourney背后的团队规模却小得出乎意料。创始人David Holz于2021年从上一家公司Leap Motion离职后，只招募了约10名工程师便开始研发Midjourney。Midjourney以独立研究实验室的形式在2022年正式推出，并未接受任何风投资金，而是选择通过向用户收取订阅费用自我造血。这种"轻资本、重产品"的策略非常少见，却取得了巨大的成功。

Midjourney的核心产品是一款基于扩散模型的AI绘图服务，用户只需在Discord聊天框输入文本描述，即可生成对应风格的高清图像。该产品于2022年2月启动公开测试，一经推出便凭借出色的画质和便捷的交互在创意人群中走红。在推出一年内，Midjourney官网访问量即达到2850万，Discord社区注册用户超过25万，每月合成图像逾百万张。截至2025年，Midjourney的付费订阅用户更是呈爆炸式增长——其官方Discord服务器聚集了2100万用户，成为Discord平台最大社区之一。用户的狂热也为Midjourney带来了丰厚营收：据报道，公司在2024年已实现年收入2亿美元，并自上线6个月后即实现盈利。

在团队和融资方面，Midjourney堪称"超级个体式创业"的典范。2023年公司只有11位全职员工，却运营着全球最受欢迎的AI绘图服务之一。Holz坚持不引入外部投资，以保持公司方向的自主控制。这种独立性并未阻碍Midjourney的发展，反而让团队专注于产品迭代：2022年至2025年间Midjourney迅速从V1升级到V7版本，不断提高绘图质量并添加新功能满足用户需求。值得一提的是，Midjourney采用Discord社群作为主要产品界面，这一独特策略既节省了开发独立应用的成本，又营造了用户共同创作的社区氛围。Holz曾表示："如果用户只是独自在房间里和机器人对话，这款产品绝不会有现在的效果；正是让用户在聊天室里一同想象，Midjourney才变得非常有趣。"

Midjourney的市场表现也验证了超级个体模式的可行性：在没有VC加持的情况下，公司凭订阅实现高速造血和高估值。分析师估计Midjourney若以10倍收入估值，价值已超100亿美元。而Holz并不急于套现或出售公司，他专注于长期愿景——"扩展人类的想象力"。Midjourney的崛起说明，在AI时代，一个小团队凭借卓越的产品和对社区的巧妙运营，完全有可能在与行业巨头的竞争中脱颖而出。这正是超级个体精神的极致体现：个人（或极少数人）的创造力与技术力量，一旦嫁接上全球市场，便能迸发出惊人的能量。

～

◆ **Rewind AI：个人数字助理的创新路径**

Rewind AI是一款旨在为用户提供"数字化完美记忆"的工具，由前谷歌高管兼Optimizely创始人Dan Siroker于2020年代初创立。其产品理念新颖：在用户设备本地记录一切屏幕内容和听觉输入，形成个人可搜索的"生命日志"，从而让人"永不忘记"电脑上见过的任何信息。Rewind的出现为个人提升认知和工作效率提供了全新思路，被誉为"真人的Ctrl+F"。

Rewind的创始团队极其精简，初期仅有包括Siroker在内的8名成员。他们在2021年苹果发布搭载M1芯片的Mac电脑后看准时机——新硬件性能使得全天候录屏成为可能——于是迅速投入研发。经过一年的隐秘打磨，Rewind于2022年11月正式在Product Hunt上线，并一举夺得当周产品榜第一名。发布后不久，Rewind在社交媒体上引发广泛讨论：有人赞叹它赋予人类"超能力记忆"，也有人质疑其隐私影响。但这种话题度反而助推了产品走红。据报道，Rewind上线不久等待名单就累积了30万+用户注册，一度成为硅谷热点产品。

在融资方面，Rewind展现了超级个体时代的新特点：极高的资本青睐度。2023年Siroker采取了不同寻常的公开募资策略：将Rewind的融资计划和商业数据透明发布在网上，让任何投资人都可提交出价。结果短短几周内，Rewind就收到了超过1000份投资意向，正式投资要约达170份之多。更夸张的是，其中有22家机构愿意按10亿美元或更高估值投资，但Siroker最终选择了NEA提出的3.5亿美元估值方案，融资1200万美元。他认为稳健估值有利于公司长期发展。这次融资使Rewind在创立仅一年多时估值即达到独角兽边缘，而且是在仅20多人团队规模的情况下实现。这样的故事几年前几乎不可想象——一家员工不足之百、产品尚在早期的公司，能让投资人"抢破头"地竞标。然而AI领域的狂热和Siroker个人过往成功经历（曾任职Google并创办Optimizely）无疑增加了项目的信誉。在最新一轮融资后，Rewind宣布团队扩张到22人，并强调所获资金足以支撑未来4年运营。

Rewind AI的产品本身也在快速演进，不断增强个人用户的体验。当前Rewind以Mac应用形式存在，功能包括自动记录所有应用窗口中的文字内容和音频，用户可以通过时间线或关键词进行搜索回溯。举例来说，用户可以搜索"一个月前和Alice的Zoom会议提到了'Q3预算'"这样的问题，Rewind会展示当时屏幕和音频中相关的片段，实现对过去信息的快速检索。此外，为了扩展记录范围，Rewind团队在2023年发布了一款名为Rewind Pendant的可穿戴设备原型，用于录制用户在电脑之外的对话并同样纳入可搜索索引。这一举措表明Rewind正致力于打造全方位的个人数字记忆库。在商业化方面，Rewind采用免费+订阅模式：提供有限制的免费额度，以及每月19美元的订阅服务解锁更多记录时长和高级功能。目前Rewind已吸引了一批重量级企业客户试用（据称Salesforce、丰田等公司员工也是其用户）。

Rewind的成功路径充分体现了超级个体崛起的几个要素：洞察个人痛点的创新理念、敏捷的小团队执行，以及巧用资本和社群力量。Siroker将自身听力受损渴望辅助记忆的亲身经历化为产品灵感；团队以一年时间完成从构想到爆款雏形的打造；而在推广上，他善用了自己的行业人脉和社交媒体影响力，让Rewind在人们热议中实现病毒式传播。可以说，Rewind AI证明了个人超能力和大众需求交汇时所能产生的巨大价值：一款帮助个人延展记忆极限的工具，正在成为新时代个人效率神器。而这一切，源自一个小团队对于技术与人性的深刻把握，以及敢于挑战常规的创新精神。

~

◆ **Lamini.ai：小团队深耕企业大模型定制**

Lamini.ai是一家由极简团队驱动的AI初创公司，专注于帮助企业定制和部署生成式AI模型。它由斯坦福大学AI研究人员周晓萌（Sharon Zhou）和前英伟达资深工程师Greg Diamos联合创立。两位创始人察觉到，大型语言模型（如GPT-3）虽然功能强大，但直接应用于企业业务时往往存在"不接地气"的问题：模型过于通用，缺乏企业专用数据训练，无法满足行业特定需求。为此，Lamini开发了一个面向企业的生成式AI平台，使公司能够在私有数据上微调大模型、建立高精度的专用AI。

Lamini团队于2020年代初成立，经过一段时间潜心研发后，于2024年5月走出隐形模式（stealth）正式亮相。尽管团队规模不大，Lamini却赢得了AI领域众多大咖的支持：2024年公司宣布获得2500万美元融资，投资者包括Dropbox创始人、Figma创始人以及著名AI学者吴恩达等。如此强大的投资阵容凸显了市场对这一垂直领域的看好。Lamini的融资将主要用于加强技术研发和构建企业级基础设施。值得一提的是，作为一家公司，Lamini才创立"数年"，这显示其创始团队在行业内的积累和号召力非同一般。周晓萌作为斯坦福AI领域的新锐学者，本身在强化学习和语言模型研究上有建树；而Diamos在高性能计算和模型加速上经验丰富——两人的强强联合，使外界相信即便是小团队也有能力啃下大模型定制这个技术硬骨头。

Lamini的平台主打"企业级的高准确率和可扩展性"。与市面上通用的AI平台不同，Lamini针对企业关心的定制需求做了全栈优化：从底层硬件到软件框架都为大规模模型训练部署做了特殊设计。周晓萌提出了一个"记忆调优（memory tuning）"的概念，即模型在训练时精确记忆部分企业数据，从而在生成时能准确输出这些受控内容。这被认为有助于降低大模型胡编乱造（hallucination）的概率。举例来说，一家金融公司可以用自有合规文本对模型进行记忆调优，使其回答问题时严格依据这些资料，不会胡乱生成违规承诺。Lamini希望通过这一技术，为企业提供"可信赖的AI"：既具备生成式AI的强大能力，又符合企业对准确性、安全性的要求。除了记忆调优，Lamini的平台据称在模型编排、微调工具链、数据安全等方面皆有创新，以确保企业能够低门槛地将AI落地到生产环境。

在业务层面，Lamini抓住了2023年以来企业界尝试部署生成式AI的大潮。许多公司尝试用GPT类模型改进客服、内容生产、数据分析等业务，但遇到种种困难（数据隐私、专业术语不准确、模型输出不可控等）。Lamini提供的恰是"从PoC到生产"的那一公里支持——协助企业训练属于自己的模型，或托管私有实例，让AI真正融入企业流程。有分析指出，2023年只有不到10%的企业广泛采用了生成式AI，障碍包括IT基础设施不足、缺乏专业人才等。Lamini的服务正好切中这些痛点，为企业提供交钥匙的一站式方案。这也是资本追捧Lamini的原因：如果这一模式跑通，未来每一家想用AI的中大型企业都可能成为其客户。

作为超级个体案例，Lamini体现了小团队深耕专业赛道的威力。在大模型领域，本以为只有OpenAI、谷歌这样资源雄厚的巨头才能有所作为，但Lamini证明了一支专精的小团队也能找到独特切入点，避开直接竞争，在细分市场打出一片天。这种"以小博大"的战略正是超级个体创业常用的路径：凭借对行业的深刻理解和快速行动力，抢占巨头未曾顾及的市场空白。从某种意义上说，Lamini的创始人将自己的专业知识和洞见变现为一项价值千万美元的事业——这本身就是超级个体价值的体现。随着越来越多类似的AI创业公司涌现，我们或将看到个人（或小团队）驱动的创新如何改变企业服务市场的格局。

〜

◆ Runway：内容创作领域的AI新秀

Runway是一家由极客创意人士创立的AI公司，致力于将生成式AI引入视频、图像编辑等创意工作流程中。它因推出文本生成视频的模型而备受瞩目，是AI赋能内容创作的先锋企业之一。Runway由Cristóbal Valenzuela等人于2018年在纽约创立。最初，团队只有几位来自艺术与计算交叉领域的年轻人，却立志要"让任何人都能像使用Photoshop一样使用AI"。

Runway的早期产品是一款协作式的视频编辑工具，内置多种机器学习功能，方便设计师和创作者进行实时特效处理、背景替换等操作。真正令其名声大噪的是2022-2023年推出的Gen-1和Gen-2模型：这些是全球最早的商用文本生成视频模型，让用户可以通过文本或图像提示，自动生成短视频片段。例如，输入"一个在雨中奔跑的孩子"这样的描述，Gen-2模型即可合成对应意境的视频。这项技术虽尚处早期，但已被视作开启"AI电影制作"时代的里程碑。得益于在前沿技术上的大胆尝试，Runway迅速吸引了创意圈和投资圈的关注。

Runway的成长轨迹体现了小团队乘风口而上的爆发力。在2022年Stable Diffusion文本生成图像模型爆红的背后，就有Runway的身影——该模型由Runway参与训练和资助，并整合进其产品生态。这种借力开源社区与自身研发相结合的策略，让Runway以有限人力实现了技术上的领先。随着用户和口碑的积累，公司在资本市场获得大笔融资。截至2025年，Runway已累计融资约5.44亿美元，并在2025年4月的D轮融资中估值飙升至30亿美元。要知道，公司在此之前员工人数不过几十人规模，相比那些传统独角兽企业要小得多。支撑Runway高估值的是外界对其前景的信心——它有望成为新时代的Adobe，通过AI重新定义内容生产流程。

目前，Runway提供SaaS订阅服务，基础功能免费试用，付费套餐起价每月12美元。其客户涵盖广告创意、影视制作、新媒体内容等多个行业。很多独立创作者通过Runway实现了过去需要专业团队才能完成的效果，比如一人就制作出了带科幻特效的短片，从剪辑到后期全由AI辅助完成。Runway还注重实时协作，允许多人在云端共同编辑创意项目，这进一步贴合了分布式创作潮流。在市场定位上，Runway瞄准专业和企业用户，与Midjourney等偏消费级的工具区隔开来。这意味着Runway希望成为创意产业的底层工具提供者，与传统的Adobe套件形成互补或竞合作用。

Runway的故事生动诠释了超级个体的创业逻辑：找准技术变革浪潮，在大公司行动迟缓处迅速出击。Valenzuela等创始人敏锐洞察到生成式AI对视觉创作的颠覆可能性，在巨头尚未重视时提前布局，抢占了市场先机。当Adobe等后来者反应过来推出类似功能时，Runway已构筑起技术壁垒和用户基础，并以创业公司的灵活迅速推出新版本，保持领先。甚至连英伟达、谷歌这样的大厂也通过投资和合作的方式与Runway建立联系，而非贸然推出竞品，可见其在这一细分领域的话语权之强。

总之，Runway的崛起证明，即便在看似需要海量资源的领域（如视频生成AI），小团队也能凭借创意和专注取得突破地位。这与前述Midjourney等案例共同说明：AI时代的一大特征正是"小团队，大影响"。那些勇于想象、快速行动的个人和小团体，借助AI这把"放大镜"，正在开创过去难以企及的新市场，并成长为能够与行业巨头分庭抗礼的新兴力量。

总结与展望

作为一种时代现象，超级个体的崛起已经在科技、经济和社会层面展现出巨大影响力。本章系统阐述了超级个体的定义、类型与驱动因素，并通过一系列真实案例印证了"个人能力跃迁"的可能性：一人或少数人团队正创造出前所未有的价值。可以肯定的是，AI时代赋予个人的机遇才刚刚开始。随着人工智能、虚拟现实、生物技术等进一步发展，未来的个人将获得更强大的增强手段，超级个体的形态也将更加多元。

展望未来，我们有理由期待一个"人人皆可为英雄"的时代逐步到来。在那个时代，地理和组织壁垒进一步消解，每个人都可能通过学习和技术把自己武装成高效的经济单元。然而，正如硬币的两面，超级个体崛起也伴随着新的挑战与课题：社会如何应对由此带来的劳动力市场变革？

当少数超级个体获得巨大成功，是否会加剧不平等、引发新的冲突？传统的教育、社保、法律体系需要做出怎样的调整以适应"个人主导"的新格局？这些问题都将随超级个体趋势的发展而凸显。

可以确定的是，技术进步不可逆转地推动着个人力量的解放。超级个体的出现，为我们展示了人类与技术共生共荣的无限可能。从短期看，它激励着当下的创业者、创造者以全新方式投身实践；从长期看，它将引发我们对社会结构和价值观的深刻反思。但无论如何，超级个体代表了一个充满希望的图景：在AI时代，每一个平凡人都有机会通过聪明才智和大胆创新，成就过去只有庞大组织才能书写的传奇。正如本书后续章节将进一步讨论的，超级个体的时代已经曙光初现，一个属于个人力量飞跃的新时代正在地平线冉冉升起。我们每个人，既是这场变革的见证者，更可以成为其中的参与者乃至引领者。让我们以开放的胸襟和积极的行动，迎接超级个体时代的到来。

扫码体验超级个体

3

第三章 人机融合：模糊的边界

"历史始于人类发明神，当人类成为神时将结束。"

—— 尤瓦尔·赫拉利（YUVAL NOAH HARARI）

人工智能的本质可以视作一种对人脑的仿生模拟工程。从它诞生之日起，人类就在试图让机器拥有类似人类的思考能力。而随着AI技术的突飞猛进，我们正一步步走向人机融合的未来——一个人类与机器深度结合、边界日渐模糊的时代。在这个时代，什么是"人"、什么是"机器"，两者的界限将变得比以往任何时候都更模糊。当我们的思想可以直接连接计算机，当我们的感官可以通过科技无限延展，我们对自身定义也将被重新改写。

脑机接口技术的新进展

人类与机器大脑直接连接的脑机接口（Brain-Computer Interface, BCI）正从科幻走向现实。近两年来，侵入式与非侵入式脑机接口技术齐头并进，各种技术路线不断取得新突破。侵入式BCI通过手术在大脑皮层植入电极阵列，例如埃隆·马斯克的Neuralink公司和国内科研团队采用的方案，可获取最清晰丰富的神经信号，实现高精度控制，但需开颅手术，存在手术风险和长期植入稳定性挑战。非侵入式BCI则以脑电图（EEG）等为代表，通过头戴式电极帽采集脑电信号，无需手术且安全性高，但信号易受颅骨干扰、分辨率较低，控制精度有限，多用于简单的意念控制实验。此外，一些公司探索"半侵入式"路线，如Synchron公司的Stentrode设备，经由静脉血管将电极植入脑部血管内壁，避免开颅手术，在安全性和信号质量间寻求平衡。不同技术路径的并行发展，为脑机接口的医疗和未来增强应用奠定了多样化基础。

渐冻症患者马克·杰克逊（Mark Jackson）植入Synchron的Stentrode装置后，通过意念流畅操控苹果iPad。他只需凝视屏幕、无需任何肢体动作，即可浏览主屏幕、打开应用并发送信息。这种通过血管介入植入的BCI降低了手术创伤，却依然能让患者重新以意念与数字设备交互。

在侵入式脑机接口方面，马斯克的 Neuralink 公司取得了一系列里程碑式进展。2023年5月，该公司获得美国FDA批准启动首次人体临床试验，招募高位瘫痪志愿者植入其无线脑机接口芯片。到2025年9月，Neuralink已在全球12名患者身上完成大脑芯片植入，设备累计安全运行超过1.5万小时。首位公开的植入志愿者诺兰德·阿巴夫（Noland Arbaugh）因一次意外导致腰部以下瘫痪，在2016年失去行动能力。植入Neuralink芯片后，他不仅重新玩起电子游戏，还系统性学习一门新语言，实现了过往八年无法想象的活动能力提升。Neuralink的试验显示，在数月训练后，瘫痪患者可通过意念操控计算机光标甚至进行打字等操作，展现了脑机接口重建运动功能的潜力。2023年8月，Neuralink完成新一轮2.8亿美元融资，成立八年来累计融资约6.53亿美元（约合人民币50亿元），为持续临床试验和产品开发提供充足弹药。马斯克曾提出长期愿景：将植入设备与手术成本降至数千美元级别，使BCI像激光眼手术一样普及，让更多普通人受益。未来Neuralink不仅瞄准瘫痪、失明等治疗，还希望在健全人群中实现增强认知与人机"心灵感应"的愿景。

除了Neuralink，其他代表性企业和团队亦在奋勇直追，丰富脑机接口创新版图。美国 Synchron 公司采用独特的血管内电极方案，早在2021年就获批开展人体试验。截至2023年初，Synchron已在7名患者身上植入装置，帮助重度瘫痪或"渐冻症"患者恢复与外界交流能力。例如，一位肌萎缩侧索硬化症（ALS）患者在植入Synchron装置后，通过意念成功在社交媒体上发送消息，成为利用脑机接口发推文的第一人。2025年8月，Synchron发布演示视频，展示了前述的Mark Jackson如何利用其脑内植入设备无缝控制iPad，并宣布与苹果公司合作采用统一的BCI人机接口设备（HID）标准，使脑机接口设备能够像键盘鼠标一样通过蓝牙即插即用地连接苹果生态。Synchron还与英伟达展开合作，发布了认知AI模型"Chiral"的研发路线，以利用人工智能提升脑机信号解码能力。这些跨界合作预示着脑机接口正逐步融入主流技术生态，加速向实用化迈进。

Paradromics 公司则致力于高通量脑机接口平台开发，号称实现"神经数据高速公路"。2025年6月，Paradromics宣布已在美国密歇根大学医院完成首次人体植入试验：外科团队在一台癫痫手术中，将其Connexus BCI设备植入患者大脑并成功记录神经信号，整个过程不到20分钟，随后设备完整取出。这是Paradromics从动物试验迈向临床阶段的重要里程碑，证明其超高带宽的微电极阵列能够安全用于人体。Paradromics的设备据称可以记录单个神经元层级的活动，并借助AI算法将脑信号翻译为可用指令，目标是帮助 ALS、中风等重瘫患者恢复沟通能力。目前Paradromics正筹备更大规模的临床试验，评估其植入物长期使用的安全性和有效性。同样走高通道数路线的还有老牌厂商 Blackrock Neurotech（原Blackrock Microsystems），其"犹他阵列"电极曾用于BrainGate等学术项目，实现瘫痪者意念操控机械臂抓取物体、用电脑打字等开创性成果。但硬质电极长期植入存在免疫反应和信号衰减问题。因此近年无论科研还是创业，都在竞相研发更柔软、更微小的柔性电极，以提高植入后的生物相容性和信号稳定性。中国团队在这一方向也屡有突破：如中科院深圳先进院李骁健研究员解释，柔性电极犹如"豆腐"中的柔软异物，可减少对脑组织的损伤并延长寿命。基于柔性材料的梯度医疗、脑虎科技等国内初创公司，已成功研发超柔电极和配套植入手术机器人，实现小鼠、灵长类甚至人体的植入试验，并将部分技术产品化服务于脑科学科研。

值得一提的是，中国的脑机接口研究正后来居上，进入临床阶段。2025年6月，中国科学院宣布成功实施国内首例侵入式脑机接口人体临床试验，使我国成为继美国之后第二个进入侵入式脑机接口临床试验的国家。该项目由中科院脑科学与智能技术团队联合复旦大学附属华山医院开展，在前期猴子实验中已验证了电极植入、取出再植入的可行性和安全性。今年3月，研究团队为一位因高压电事故四肢截肢的男性植入了国产脑机接口设备。仅经过2-3周训练，该志愿者便能通过意念玩电脑游戏，操作水平接近正常人使用触控板。更令人振奋的是，这套国产侵入式BCI系统的多项指标刷新全球纪录：其微电极截面积仅为Neuralink电极的1/5-1/7，柔性度高出后者100倍，柔软到"细胞间作用力"水平，植入后大脑几乎感觉不到异物存在。整个植入体直径仅26毫米、厚度不足6毫米，约为硬币大小，尺寸只有Neuralink装置的一半，是目前全球体积最小的侵入式脑机接口植入体。手术无需完整开颅，只需在颅骨上开出硬币大小浅槽并钻5毫米左右的小孔插入电极即可，有效降低手术风险并缩短术后恢复期。该系统还集成了动态优化的神经解码器，可在10毫秒级完成神经信号特征提取、运动意图解析和指令生成，全流程高速闭环，使受试者能够意念操控竞速游戏这类高难度任务。中国团队的迅速崛起，加上Precision Neuroscience等美国初创公司推出仅需1毫米切口植入的大脑皮层薄膜电极并获FDA批准短期植入试验等进展，宣告脑机接口领域正呈现"中美争霸"的新格局。各国科研与产业界竞相投入，使得迄今没有任何团队敢称已经"跑到终点"。未来随着更多临床数据积累和技术迭代，脑机接口有望从辅助医疗逐步扩展到增强人类认知能力、甚至将数字信息直接写入大脑等更宏大的愿景。在这一进程中，我们正亲历人机融合从实验室迈向现实的关键一步。

值得注意的是，目前脑机接口的主要目标仍在于治病救人而非科幻式的"数字永生"。BCI技术被寄望于治疗顽疾：例如通过大脑植入电极刺激，缓解重度抑郁症或帕金森症状；连接瘫痪患者大脑与肌肉或外骨骼，实现运动功能重建；甚至用视觉皮层植入让失明者重获有限视力。Neuralink就计划未来为盲人恢复部分视力，并帮助脊髓损伤者重新行走。然而，距离"意识上传"等更加超前的人机融合图景，目前的脑机接口还相去甚远。学界认为，实现将人完整意识上传计算机以追求数字永生，在技术上仍是遥不可及的难题，需要解决对大脑全面扫描建模、模拟完整感官输入等一系列近乎"不可能完成"的任务。因此，本阶段的脑机接口更现实的愿景，是通过医疗应用恢复残缺的人体功能，以及为未来增强人类能力打下基础。即便如此，最近的研究成果已相当令人瞩目：2023年发表的两项Nature论文展示了"意念说话"的可能——研究者通过植入皮层电极并结合AI模型，实现了瘫痪者每分钟输出60-80个词的脑机接口打字和语音合成功能，大幅领先以往BCI最高每分钟18词的记录。当患者尝试在脑海中发音时，算法能解码其脑信号对应的语音要素，并由语言模型预测出完整单词句子，在屏幕上实时显示甚至合成语音，使失语多年者重新"开口说话"。这种突破性的"神经假声"技术预示，脑机接口将不止于简单光标移动，而是有潜力恢复高度复杂的语言沟通能力。随着脑机接口试验者人数从个位数扩大到数十、上百人，未来几年我们有望看到更丰富的临床数据，验证其疗效与安全边界。在不久的将来，瘫痪者用意念打字聊天、盲人借助视觉植入感知世界、抑郁症患者通过大脑刺激重获笑容，或将从试验现象变为切实日常。

增强现实（AR）与虚拟现实（VR）在人机融合中的作用

如果说脑机接口代表着硬件层面的生物融合，增强现实（AR）和虚拟现实（VR）则更多体现在人机交互界面的融合。2023年至2025年间，AR/VR技术迎来了新的发展高潮，为人类开拓出更广阔的数字生活空间。在社交、教育、工作、娱乐等诸多领域，AR/VR充当桥梁，将我们的感知与虚拟世界无缝连接，正在重塑人类互动和体验的方式。

首先是硬件平台的飞跃。2024年被誉为XR（扩展现实）硬件的大年。苹果公司在2023年发布了划时代的Vision Pro头显，以超高分辨率显示、眼动手势交互等技术，标志着消费级AR/VR设备进入新纪元。同期，

Meta(原Facebook)、PICO、小米、HTC等厂商也接连推出新一代VR/MR头戴，性能提升的同时价格更亲民，试图降低大众入门门槛。特别是Vision Pro的亮相，在全球范围内引发对空间计算的关注，让业界和用户重新审视AR/VR的价值。然而，一度火热的"元宇宙"概念在经过2021-2022年的炒作后开始降温，人们对XR的期待也趋于理性：硬件虽突破，但内容生态尚待丰富，特别是C端消费者应用依然缺乏"现象级"爆款。除了苹果Vision Pro主打的沉浸式全景视频带来新奇体验外，2023年市场上面向大众的其他VR应用反响相对平淡。于是XR行业逐渐形成共识：B端行业应用才是目前AR/VR变现与落地的主战场。通过深入垂直领域解决实际需求，XR正在各行各业扎根，为大规模普及打基础。

在社交领域，VR/AR拓展了人类互动的边界，尤其在疫情推动远程社交的背景下，加速了沉浸式社交的兴起。早期的VR社交应用（如VRChat、Rec Room等）让全球用户化身卡通虚拟形象，同处一个虚拟场景下聊天、玩游戏，突破了现实的物理距离限制。2023年后，随着设备能力提升，社交体验也从纯VR向MR（混合现实）演进。苹果Vision Pro提出了"空间人像"（Spatial Persona）的概念：用户带上设备即可生成逼真的个人数字化身，出现在朋友面前，不再只是简单的卡通形象。在Vision Pro的演示中，两位好友各自以真实立体的数字人像出现在彼此客厅，对话互动，宛如面对面交谈。这种突破性尝试被视为社交VR向社交MR迈进的一大步：数字形象更加拟真，沟通沉浸感大幅增强。然而，当前技术仍有不足——例如苹果Persona只呈现上半身，没有手臂和后脑勺，让人略感违和甚至引发"恐怖谷"效应。因此当下主流VR社交应用依然以卡通化身为主，以避免逼真度不足带来的不适。展望未来，打造高度拟人的虚拟人形象是各大公司努力方向。Meta在2023-2024年的Connect大会上多次展示逼真全息头像技术，希望让用户在元宇宙中拥有与真人无异的分身。可以预见，随着AI对表情、声音的模拟能力提升，我们终将跨越"恐怖谷"，实现栩栩如生的数字人社交。正如业内专家所言，人类社交的本质是情感联系，只有当虚拟形象能准确传达人类丰富的情感时，沉浸式社交才能真正大规模普及。

在教育领域，AR/VR提供了前所未有的沉浸式学习环境，被视为变革传统教学范式的关键抓手之一。国际报告预测，全球虚拟现实教育市场规模将从2024年的约1718亿美元增长到2032年的6555亿美元，年复合增长率达18.2%。这一高速增长反映出各国学校和培训机构对XR教育的兴趣与日俱增。目前，不少学校处于试点探索阶段：美国的部分中学、高校引入VR课堂，让学生在虚拟历史场景中"亲历"重大事件，或在虚拟实验室中进行化学、生物等实验操作，从而更直观地理解知识。Meta公司与多所美英大学合作测试VR教学，并计划推出专用教育版VR设备，为学术机构提供支持。例如，英国利兹大学利用VR开设表演与戏剧沉浸课程，西班牙巴斯克大学于2025年初上线了VR物理治疗与解剖学课程。这些尝试表明，XR正深入高等教育课堂，丰富教学手段。另一方面，在职业培训和企业内训中，VR/AR更是应用成熟。许多制造业、医疗等行业开发了VR培训程序，让新手在虚拟车间学习设备装配、手术操作或安全规程，避免真实练习可能带来的风险和成本。例如，保时捷公司已经使用Vision Pro为生产线员工进行培训，在虚拟环境中模拟复杂机械的操作步骤。AR亦被用于远程技工培训：新员工戴上AR眼镜即可看到叠加在设备上的分步指导，与远程专家实时连线协作，降低学习门槛。在中小学阶段，中国不少地方也在积极部署AR/VR教学实验。教育部于2024年启动了高校虚拟仿真实验室项目，公布了173所高校的虚拟教学创新案例，鼓励利用XR开展跨学科实践。国内厂商如PICO与fotonVR合作，为中小学提供包含海洋、生物解剖、天文地理等850多个沉浸式VR学习环境，学生可以在VR中漫游古文明遗迹或深入微观世界，与虚拟场景交互，从而激发学习兴趣。通过这些案例可以看到，AR/VR正使"身临其境、寓教于乐"成为可能，在提高学生参与度和理解力方面效果显著。据统计，有VR支持的教学场景中，学生的知识保留率远高于传统课堂，因为他们不再是被动听讲，而是主动体验和实践。当然，XR教育也面临内容开发成本、教师技术培训、学生用眼健康等问题，需要逐步克服。但总体而言，增强与虚拟现实为教育带来的变革已初现端倪：未来的课堂或许没有边界，每个学生都能随时"进入"世界任何角落学习，自主探索知识的奥秘。

在汽车设计等领域，VR/AR已成为不可或缺的工具。设计师可以佩戴VR头显，与同事一起调试汽车的3D模型细节。福特、沃尔沃等厂商已全面采用混合现实头显进行协同设计，让团队不同专业的成员围绕虚拟样机实时讨论，大幅加快产品迭代并减少实物原型修改的次数。这体现了XR在工业制造中的价值：从产品研发、装配指导到培训维护，都能通过虚拟仿真提高效率和准确性。

在工作与协作领域，AR/VR正悄然改变着我们的办公模式和生产方式。新一代远程协作平台利用VR打造沉浸式会议室，让跨国团队成员化身虚拟形象，仿佛围坐一桌讨论问题，极大增强远程沟通的互动感和专注度。微软的Mesh平台和Meta的Workrooms便是这样的尝试，支持多人在虚拟空间开会、白板演示和协同设计，突破了传统视频会议的局限。对于需要实际操作的行业，AR可以提供"所见即所得"的指导：维修工程师戴上AR眼镜，眼前即浮现机器设备的内部结构图、检修步骤和所需工具提示，使单人现场作业效率倍增。在仓储物流中，AR眼镜帮助仓管员快速定位货物并导航最优路径，提高拣货准确率并降低培训时间。可以预见，未来办公场景将日益虚实融合：无论身在何处，人们都能通过AR眼镜接入公司数字孪生办公室，与同事实时互动；工人则与智能机器并肩作业，共享信息增强现实视图，达到1+1>2的协同效果。正如研究指出的，人类直觉判断与机器数据处理各有所长，将二者通过实时交互融合，能够创造全新的生产力。

在娱乐和文化领域，AR/VR更是大显身手，为大众带来前所未有的体验升级。VR游戏产业在近年涌现出一批现象级产品，用户规模和收入不断攀升。例如，一款名为《Gorilla Tag》的VR社交游戏凭借简单有趣的玩法风靡全球，其活跃玩家数突破1000万，创下1亿美元营收的佳绩。又如VR射击游戏《Ghosts of Tabor》推出不到一年营收即超2000万美元，注册玩家达到83万。传统大厂也加速入局：CAPCOM将经典游戏《生化危机4》重制成VR版本，上线两周吸引了5万玩家体验；育碧的《刺客信条》系列推出VR新作，让亿万级IP进入沉浸世界。这些成功案例表明，随着VR用户基数增大和内容品质提升，VR游戏正成为主流游戏市场的重要组成部分。而在AR娱乐方面，继《精灵宝可梦GO》之后，各种AR户外游戏、AR艺术展览层出不穷。游客漫步城市街头，用手机或AR眼镜就能看到历史建筑幻化回古代盛景，与虚拟人物互动，获得前所未有的文化体验。体育赛事和演唱会也开始引入AR特效，观众透过手机能看见球场上空盘旋的巨龙或舞台上与歌手同台的虚拟分身，大大增强了观赏趣味。虚拟数字人在娱乐产业的应用也值得一提——中国的洛天依等虚拟歌手、日本的初音未来早已拥有大批粉丝，近年来AI技术又催生了一批"AI主播""虚拟偶像"，它们可以24小时直播带货、唱歌跳舞，形象永远青春、不知疲倦。这些数字人偶像虽然没有生命，却在社交媒体上与粉丝互动亲密，甚至会根据粉丝反馈不断调整人设和内容，给人"养成"

真人明星的参与感。不过也有争议认为，虚拟偶像缺乏真实人格，其流量终究依托于幕后的运营团队和算法支撑，人们对其新鲜感一旦消退便可能迅速无人问津。这些讨论体现了一个新的命题：当娱乐内容由AI大规模生产，"真人"与"虚拟"的界限将日趋模糊，人们娱乐消费的内涵也会被重新定义。

总的来看，AR/VR技术作为人机融合的重要接口，正在丰富和扩展我们的感知体验。社交上，它让远隔重洋的人仿佛近在咫尺；教育上，它让抽象知识变得触手可及、身临其境；工作上，它让远程协作更高效、让人与机器配合更默契；娱乐上，它更是开辟了超越现实的想象空间。当前AR/VR行业也面临挑战，例如设备笨重、眩晕感、内容匮乏等。但随着5G/6G通信、显示技术、算力和交互设计的不断进步，这些障碍将逐步被克服。可以预见，当AR眼镜轻巧如普通眼镜、VR头显清晰如现实且价格大众可承受之时，虚实融合的数字生活将大规模到来。届时，每个人眼中的世界都将由现实与虚拟两层叠加构成：抬头所见是现实街景，低头腕上或眼角提示着数字助理的建议；家中客厅既可招待真实好友，也能投射远方亲人的全息影像同席而坐。那将是一个全面"在线"的时代：信息以看不见的方式无处不在地流动，人类的感知与认知疆界也随之无限延展。

人机融合的伦理、法律与哲学议题

当人类开始突破肉身的限制，与机器深度融合时，一系列前所未有的伦理、法律与哲学问题随之而来。这些问题既关乎个人身份与权利，也关乎社会秩序与人性的未来边界，需要我们予以深入思考和未雨绸缪。

首先是数字意识与人格同一性的难题。如果有一天我们真的能将人类意识上传至计算机，实现所谓"数字永生"，那么"被上传"的那个数字存在，算是原来的"我"吗？还是仅仅一个复制品？如果我的大脑被完整拷贝并运行在云端，同时肉体之我依然存活，哪个才是"真实的我"？哲学上对于灵魂与身体、复制人与本体的讨论由来已久，但人机融合将这些抽象争议变成了可能的现实场景。当数字化的"我"可以独立存在于虚拟世界中且具备自我意识时，我们该赋予它怎样的法律地位与权利？它和生物学意义上的人享有同等的"人格权"吗？对于这些问题，目前尚无定论，但可以肯定的是，它们将挑战我们对"人是什么"的传统定义。

即便不谈完全的意识上传，部分数字人格的出现也带来人格边界模糊的困惑。现代人类在虚拟空间往往拥有多个"数字分身"——社交媒体账号、游戏化身、AI训练出的个人风格模型等等。随着深度学习对个人数据的掌握，这些数字分身变得越来越"像我"。一些公司已推出基于聊天记录训练的AI分身服务，可以在用户忙碌或去世后，模拟其语气与思维继续和亲友交流。这不禁引人发问：当你的数字替身能自主与你类似的思考和决策时，你的主体自主性是否在某种程度上被稀释或剥夺？如果有人未经你许可复制了一个你的AI分身用于商业用途，你的身份权益如何保障？当前法律主要保护的是姓名、肖像等人格标识，但AI克隆可以轻易突破这些限制，复制的是一个人更本质的行为模式和思想特征，这方面的权益归属尚属空白。

这就涉及虚拟数字人的法律地位问题。近年兴起的虚拟主播、虚拟偶像，从外貌到声音几可乱真，有些背后有人类驱动（如动捕演员），有些则完全由AI生成。这些"虚拟数字人"本身并非自然人，却参与了经济活动和公共生活。例如虚拟偶像可以代言广告、演出甚至签订合同，那么它在法律上被视为什么？目前来看，各国尚未赋予数字人独立的法律人格，大多将其视为背后公司或创作者的延伸。但随着虚拟数字人日益普及，法律主体和责任认定的问题开始显现。今年中国法院审理了首例虚拟数字人侵权案：一家公司起诉对手擅自使用其虚拟主播形象从事商业活动。法院二审认定，虚拟数字人形象本身并无著作权主体资格，其背后制作团队对动作表情等演绎行为可被视为"表演者"，受表演者权利保护。这一案例初步厘清了数字人权益归属：暂时仍回溯到真人或团队。但未来如果出现完全AI自发生成、无明确权利主体的数字人格，例如一个AI在元宇宙中自行发展出独特形象并被大众认可喜爱，那么当它的形象权益受损时由谁来主张？这将是全新而复杂的法律难题。

另一个备受关注的问题是身份复制与深度伪造带来的社会风险。当任何人的声音、样貌乃至行为模式都可以被AI模型学习并重现，"真假难辨"可能成为常态。Deepfake技术已经能以假乱真地合成视频、音频，让人"看见"或"听见"一个人做了从未做过的事。这对社会信任机制是巨大冲击。近年来此类案例层出不穷：有人用AI换脸冒充企业高管实施诈骗，令香港某公司损失近2亿港币；大量女明星甚至素人的脸被换到不雅视频中，造成严重名誉侵犯。这不仅是道德问题，更牵涉法律边界。各国开始立法打击恶意深度伪造：美国纽约州已明令禁止未获同意制作和传播带有他人真人形象的AI色情内容；中国《民法典》也规定未经许可不得以数字技术冒用他人肖像。对于更广泛的"数字复制品"（digital replicas），美国加州在2024年率先通过法案，要求使用演员形象的AI合成必须取得授权，并保护已故名人数字形象长达死后70年。美国版权局甚至呼吁出台联邦法律，全面应对数字分身乱用的问题。这些举措表明，法律正在逐步伸展保护伞，涵盖数字时代个人身份和形象的新维度。然而法网能否收拢快速演进的AI技术仍未可知：当假冒身份可以以假乱真地实时与人互动（例如语音电话诈骗中，AI模拟声音令受害者难辨真伪），我们需要新的验证机制来重建信任。此外，还有隐私维度的隐忧：脑机接口技术如日后拓展到读取人脑信息，会否引发"最后的隐私"——思想隐私的丧失？如果某天商业公司能通过你佩戴的脑机设备采集到情绪、兴趣甚至具体想法数据用于广告营销，那将是对人格尊严前所未有的侵害。立法者需要超前思考，在技术成熟前设立红线，例如明确禁止在未获知情同意情况下收集、分析个人脑信号数据等。

人机融合还带来道德与存在论层面的终极拷问：当我们越来越多地依赖人工智能决策，人类自由意志的位置会否被侵蚀？如果AI助手比我们更了解自己并频频给出建议，我们是更自主了还是更受控了？随着仿生义肢、情感机器人融入生活，我们对"人类"与"工具"的关系也在重估：工具正从被动的扩展物变成主动参与决策的伙伴，甚至是"自己人"。当AI伙伴拥有了"共情能力"，人与机器的情感联系会变得很深，这是否会导致一些人的心理边界混乱（例如日本已有宅男与虚拟偶像"结婚"的报道）？又或者反过来，人们对真人的同理心下降，把他人也物化为可预期操控的机器？伦理学者担心，人机深度融合可能引发主体异化：人的认知可能脱域于现实环境、过度依赖虚拟反馈；人的理性判断也许退化，因凡事有AI替我们思考规划。更极端的是道德失范的可能：如果人可以随意通过虚拟躯体为所欲为（反正"不是真实的我"），是否会纵容反社会行为的滋长？这些潜在风险提示我们，人机融合不只是技术问题，更是深刻的社会和人性问题。

正如一篇评论所言："当科幻照进现实，我们迎来的不仅是技术革命，更是一场关于伦理、哲学和存在主义的挑战"。数字意识是否享有与生物人同等权利？意识上传是自我的延续，还是制造了另一个"TA"？我们是否真的准备好面对"缸中之脑"的困境？如果未来只有富人能率先实现数字永生，社会是否会出现前所未有的"数字鸿沟"？这些问题无不拷问着我们对人之为人的基本认知。当我们谈论人机融合，我们其实是在重新定义"人"的边界、"自我"的含义，以及"活着"的真谛。或许没有现成答案，但正因为如此，我们更需严肃对待这些议题。在推动技术进步的同时，广泛凝聚伦理共识、完善法律框架，将确保人机融合朝着有利于人类的方向发展，而非脱缰野马般带来失控的风险。

人机融合对教育、就业和社会结构的潜在影响

人机融合技术不仅改变个人的能力边界，也预示着教育体系、劳动市场和社会结构的深刻变革。正如每一次工业革命都会带来社会各领域的系统性调整，人工智能与人类深度协作的时代，同样要求我们重新构想知识的获取、技能的培养、工作的形态以及社会协作机制。

在教育方面，人机融合将推动教育理念和模式的全面革新。未来的教育很可能呈现人机协同共教共学的新生态。首先，学习方式将更加个性化、按需而动。借助AI导师和增强现实学习环境，每个学生都能按照自己的节奏和风格学习，相比"一刀切"的传统课堂，更注重培养自主学习和探究创新的能力。知识不再局限于课本，当学生对某一知识点好奇时，可以随时调动AI资源深入探究；当遇到困难时，AI辅助会即时提供针对性的提示或不同角度的解释。教育部副部长吴岩指出，人工智能已带来了学生学习方式、教师教学模式、学校治理形态、高校科研范式以及教育整体形态等五大关键变革。也就是说，从小学到大学，每一个教育环节都在因AI的嵌入而改变：课堂更开放互动，教师从知识灌输者转变为个性化学习的指导者，学校管理通过数据驱动实现精细化和透明化，研究则借助AI工具拓展深度与广度。这要求我们培养的新人才不仅有扎实的人文科学素养，更要具备与AI协作、跨领域整合的复合能力。未来的学生，核心竞争力不在于死记硬背事实——因为外部AI随手可查资料，而在于提出好问题、进行创造性解决的高阶认知技能。这正是联合国教科文组织等倡导的教育重点：重视创造力、批判性思维、协作等素养，以适应快速变革的世界。

其次，教师角色将重新定位，人机共教成为新常态。AI可以承担繁琐重复的批改、答疑等工作，让教师有更多精力关注学生的创造力培养和情感交流。教师需要掌握利用AI教辅的能力，成为"AI+教育"的复合型人才。正如英伟达CEO黄仁勋指出的，未来教育和招聘可能更看重一个人

"是否善于使用AI"。那些能有效借助AI工具极大提升效率和创新力的人，将成为"超级教师"和"超级学生"。反之，忽视AI的人可能被时代淘汰。因此，各国教育政策都在积极回应这一趋势：中国提出推进人工智能贯穿全学段教育，培养AI时代的人才；企业界也投入开发AI赋能教学的方案，如个性化学习软件、智能导学系统等，帮助教师以数据洞察学生弱点、调整教学策略，实现因材施教。当然，人机协同教学也带来一些担忧：过度依赖AI会否削弱教师主导地位？学生会不会只信赖机器而质疑真人？因此教育者需要把握好平衡，充分利用AI之长，同时坚持以人为本，培养学生的价值观、同理心和批判精神。这种"软素养"恰恰是人类在智能时代不可取代的优势。

在劳动就业方面，人机融合预示着就业形态的大调整和技能需求的大升级。一方面，一些传统岗位在人工智能和自动化冲击下将缩减甚至消失；另一方面，也会涌现许多全新的职业和更多灵活的就业形式。可以预见的是，体力重复劳动和简单智力劳动将日益被机器替代。例如仓库里的搬运、工厂流水线装配、快递分拣等，机器人逐步胜任；银行柜员、流水线质检员等岗位也可能因为AI系统的引入而减少需求。全球管理咨询公司报告称，到2030年，当前技能组合的比例将发生显著变化，高级认知和技术技能需求大幅上升，而基本认知和手动技能需求下降。这意味着很多低技能岗位将萎缩，需要人口向更高技能岗位转移。政府和企业必须未雨绸缪，通过培训和教育帮助劳动力转型升级。事实上，每次技术革命都曾引发对大规模失业的恐慌，但历史表明新技术也创造了新的工作机遇。这一次也不例外：人工智能催生出如数据标注师、算法模型训练师、AI业务协调员等新职业。在更远的未来，还可能诞生"人机团队经理"、"数字隐私顾问"、"增强现实景观设计师"等今日难以想象的岗位。尤其随着人机协作成为常态，新岗位会强调人和AI共同完成任务。例如，医疗领域出现了"AI诊断师"，他们擅长操作AI辅诊系统并结合医生经验给出最优诊疗方案；建筑设计领域有"VR建筑师"，利用虚拟现实进行沉浸式设计并与客户实时交互。可以说，"与AI共事"将是大多数职业的标配。那些善于利用AI提升生产率的人，在职场将如虎添翼，被称为特别擅长用AI放大自身能力的"超级个体"。他们可以一人敌过传统团队，完成过去不可能完成的复杂任务。而不适应AI工具的人，其就业竞争力会显著下降。

为此，终身学习和快速技能更新将变得比以往更加重要。劳动者需要不断学习新技术、新知识，与AI一道进化。企业也需承担责任，对员工进行再培训，使其掌握人机协作的新方法。例如制造业工人需要学习操作协作机器人和智能控制系统，医生需要学习解读AI诊断结果和管理AI手术辅助设备，客服人员要学会与AI聊天机器人协同处理客户问题。政策层面，政府可通过补贴鼓励企业开展在职培训，或者与高校合作推出弹性教育项目，帮助转岗人员"再技能化"。当技能更新成为常态，人们的职业生涯路径也会更迭多变。一辈子从事一种职业将越来越少见，取而代之的是根据技术变化不断调整方向。"斜杠青年"可能遍地都是：比如一位专业人士上午做AI分析师，下午兼做VR内容创作者，晚上又经营个人线上咨询业务。自由职业、远程协作会更普遍，平台经济可能进一步蓬勃发展，因为地理限制被人机技术打破，雇佣关系也更加灵活。

在社会结构和协作机制方面，人机融合将带来既深刻又微妙的影响。首先是生产关系的变化——当机器不仅是工具，甚至成为"劳动力"的一部分，传统的劳资关系定义可能面临挑战。如果未来企业的主要工作由AI和机器人完成，人仅起决策和监督作用，那么人的劳动价值如何衡量？社会财富分配是否需要调整？有学者提出"机器人税"或"全民基本收入"等概念，试图应对AI取代工作带来的潜在失业和贫富差距扩大问题。与此同时，新的合作模式将在各层面涌现。人-机-物三元融合的系统让协同可以超越人类群体本身，出现"混合团队"乃至"混合社会"。举例来说，未来的城市交通管理可能是AI算法、智能物联网设备和人类管理者共同组成的网络协同，每个红绿灯、无人车都是协作节点。决策不再完全由人拍脑袋，而是人机一起基于数据洞察和经验权衡。这种"超级自动化"的社会运行模式将提升效率，但也要求我们的组织结构做出调整。政府机构可能需要增设AI决策辅助部门，城市要建设新型智能基础设施支撑大量机器主体的活动。社会治理也要学会管理机器伙伴，例如制定规则规范无人机在公共空间的飞行秩序、机器人参与公共服务的伦理准则等。可以预见，"人机共生"将成为未来社会的新格局：机器从工具变为合作伙伴、社会关系网的重要节点。人的社会关系也因此扩展，既包括与他人的关系，也包括与AI系统的关系。家庭中可能有AI助手扮演半个家庭成员的角色；社区里机器人、数字人参与志愿服务已屡见不鲜。这要求我们建立新的信任和协作机制。人们需要信任AI的稳定可靠，AI也需要"信任"人类的价值指引（即我们常说的对AI进行伦理约束）。社会规范也将演进，例如职场上如何评价AI的贡献、公民如何对待服务型机器人，甚至AI若犯错谁来承担责任等等，都需要共识与法规的逐步形成。

此外，人机融合可能带来的社会分化问题值得警惕。如果先进的人机增强技术仅掌握在少数人手中，可能出现新的不平等——"技术增强者"与"自然人"之间的差距。拥有脑机接口、智械义肢或顶尖AI助手的人，或许在就业、教育上都占据优势，从而形成新的精英阶层。如何避免这成为新的鸿沟，需要政策引导。例如政府可以推动关键增强技术的普惠化，正如现今互联网和基础教育的普及，未来也要确保所有人都有机会受益于增强现实学习、AI医疗辅助等成果，而非仅富人特权。数字包容和科技普惠将成为衡量社会进步的重要指标。有专家就提醒：如果让一部分人通过技术进化为"超人"，而大多数人原地踏步，将引发前所未有的社会张力。因此社会必须就人机融合的边界和伦理达成共识，谨慎对待"增强人类"的应用范围，尽量将科技红利公平分配。

总而言之，人机融合对教育、就业、社会架构的影响将是系统性的，其深度可能不亚于过去的工业革命和信息革命。我们需要以前瞻和主动的态度迎接这种变革：教育上培养新型人才，帮助现有人才转型；就业上完善培训和社保体系，鼓励创新创业，把人口红利转化为技术红利；社会治理上升级基础设施与法规，包容新事物同时守住伦理底线。这场变革的关键在于"人机协同"而非对立，让人工智能更好地服务于人的全面发展和共同福祉。正如国家发布的政策文件指出，要科学把握智能社会发展趋势，提升"人工智能+"治理能力，重构治理体系的运行逻辑和结构范式，以适应智能社会的新形态。只有这样，我们才能在技术巨浪下保持社会稳定和繁荣，实现人机融合的积极潜能，而避免其负面冲击。

人机融合如何赋能"超级个体"

《超级个体》一书的主题，聚焦于科技如何赋能个人，使之突破常规局限，实现自我跃迁与价值扩展。人机融合无疑是打造"超级个体"的重要路径：通过与机器智能深度协作甚至生物融合，个人在认知、记忆、沟通、决策等方面的能力都将获得前所未有的增强。

认知能力方面，人工智能和脑机接口的结合，可以极大拓展个体处理信息和理解世界的深度广度。以前，我们的大脑算力和知识存储有限，但现在每个人都可借助云端的AI强脑。一位善用AI的"超级个体"，相当于随身带着一个智囊团：当需要分析海量数据时，AI可以秒速完成统计和模式挖掘；当面对陌生领域的问题时，AI可以即时提供背景知识和专家建议供你判断决策。换言之，人的思考速度和广度借助AI得到数量级的提升。正如清华大学的一份报告所述，人机融合的智能决策能实现人类直觉经验与机器计算能力的协同优化，双方互相校验，令复杂决策更准确高效。举例来说，在商业领域，经理人可以和AI一起头脑风暴战略方案：AI列举各种情景的可能后果，提供数据支撑，人则结合行业洞察和直觉选择最合适的路线。这种决策质量远高于过去单打独斗。又如科学研究中，研究者与AI助手搭档，AI帮忙检索整理全球文献、生成假说、设计实验，研究者专注于创造性和判断性工作，科研效率和创新性都会跃升。可以说，人机共智让个人拥有了"最强大脑"作为后盾，认知边界无限扩展。

记忆力方面，人机融合将使"过目不忘""永不遗失"成为可能。我们的生物记忆易受遗忘和干扰限制，但数字存储几乎无限且准确。有了脑机接口，未来个人的记忆可以实时云端备份：所有所见所闻所想都记录在个人数据库中，需要时通过植入设备调取。即便不靠植入，今天很多人已将"数字记忆"外包给设备——重要事项存在手机提醒，生活照片存在云相册，聊天记录永不丢失。随着智能助理的发展，你甚至可以用自然语言查询"我去年春天去过哪些餐厅？当时和谁在一起，说了些什么"，AI会帮你检索整理出相关回忆要点并提醒细节。这相当于为每个人配备了一个副记忆系统，而且准确率和容量远超人脑。早期的科研已经验证了记忆增强的可行性：美国科学家通过电极刺激人类海马体，大幅提高了受试者记忆测试成绩，平均提升35%以上。这表明某种"记忆提升器"是可以实现的。将来或许会出现专门的记忆植入物，帮助正常人巩固想记住的内容，或让阿尔茨海默症患者恢复部分记忆功能。即使没有侵入式手段，通过AR眼镜实时显示信息提示，也能防止人遗忘细节。比如你走在街上，眼镜自动显示见到路人的姓名和之前与你的对话要点，使你再也不会尴尬忘记熟人的名字。再如你准备考试，AI可以根据你的脑电反应判断哪些知识点尚未掌握，及时推送相关练习巩固。可以说，人机融合给个人提供了一种"外置大脑"或"云记忆"，让健忘成为过去式，智慧持续积累而不流失。

沟通能力方面，人机融合将消弭语言和表达的障碍，让人与人、人与机器的交流更顺畅高效。实时机器翻译已经使多语言沟通几乎无缝：戴上翻译耳机，不同国家的人可以各说各话却彼此听懂，就像科幻中的"巴别鱼"翻译机。未来AR眼镜可能直接把他人的外语对话内容以母语字幕形式浮现在你眼前，让语言不再是藩篱。对于有语言障碍的人士（如聋哑或渐冻症患者），脑机接口和AI更是打开了全新世界。前文提到，瘫痪患者通过植入电极和AI解码实现"意念讲话"，达到了每分钟60-70词的输出，大大超过先前用打字设备艰难拼字的速度。可以想见，将来类似技术成熟后，失语人士可以像常人一样流利"开口"，因为他们的大脑信号直接转化为了声音或文字。甚至健康人也可能使用此类意念打字来更快地记录想法或交流——毕竟正常人说话速度约每分钟160词，而大脑思考的形成意念可能更快。除了人际沟通，人机沟通也在质变。过去我们用键盘鼠标与机器交流，现在语音助手、一句话Prompt就能调动复杂的AI服务。将来借助脑机接口，我们连说都不必说，只需脑中浮现指令，智能助理便立即执行。例如你脑中想到"播放我喜欢的音乐"，植入芯片读取到这一意图，家中的音响系统立刻响起合适的歌曲。在远程协作中，团队成员甚至可以意念互联：早期实验已让两个人通过脑波实现玩简单对抗游戏，甚至三人脑电波网络共同完成任务。这种初级"脑联网"预示着协作的新形态：如果将来人脑可以点对点直接交流，不经语言符号的"压缩"，团队默契和群体智能将极大提升。当然，读心术式的脑对脑通信目前还停留在实验室，是"超级个体"比较遥远的图景。但无论如何，借助AI和BCI，我们的沟通效率与范围都在指数级拓展，地球将真正成为一个无隔阂的"地球村"。

决策与执行能力方面，超级个体可以做到更快更准决断，并立即高效将想法付诸行动。传统上，一个人再有创意想法，也受限于执行力：要实现往往需要团队通力配合。然而，人工智能和机器人技术等于为个人提供了"机械臂膀"和"大脑助理"。一位未来的创业者，可能自己一个人就是一家"公司"——TA有AI负责市场调研和营销，机器人负责生产和物流，自己则统筹创意和战略。这样的人几乎可以单枪匹马完成过去需要一整个组织才能完成的任务。在知识工作领域，"一人科研组""一人顾问团"也将成为可能。举例来说，一名超级个体经济分析师，可以同时运转多个AI模型分析不同国家的数据，自己整合洞察后给出咨询方案，比传统团队更全面深入。甚至在个人生活决策上，AI的辅助也让我们更理性客观。大到理财投资、职业选择，小到健康饮食、出行路线，AI都能提供根据海量信息计算出的最优选项，人只需根据价值偏好作最终决定即可。这样做出的决定往往比拍脑门或有限经验判断要明智。在体能执行方面，仿生增强技术让个人力量也得到放大。例如外骨骼机器人让普通人能举起数百斤重物而不吃力、长途步行不疲劳；脑控机械臂让截肢者恢复甚至超越常人体力。未来的超级个体也许像《钢铁侠》般，穿戴机甲就拥有了钢铁之力与高速飞行能力。当然，现实技术远没到如此科幻的程度，但一些雏形已经出现：美国和日本军队试验的外骨骼让士兵负重能力大增；民用的则帮助搬运工人和残疾人士提升行动能力。可以说，人机融合让个人在落实想法上少了诸多羁绊：想做的事，有AI帮你计划，有机器人帮你干，你所需要的是勇气和创意。正因此，有观点认为未来社会将诞生许多"个人多国公司"，他们借助科技杠杆，可以影响成千上万人甚至全球市场。这听起来有些夸张，但随着生产力工具日益强大地向个体倾斜，个人影响力扩大是大势所趋。

总而言之，人机融合把普通人一步步推向"超级个体"的可能状态：记忆力如同图书馆，计算力胜过统计器，沟通如同心电感应，决策如同大军统帅，执行力更是臂有千钧之力。这样的个人不再受限于自身生理条件或大脑认知极限，而是不断突破成长边界，实现自我跃迁。这正契合《超级个体》要传达的理念：未来的英雄不是孤胆的超级英雄，而是懂得与技术合鸣共舞的进化型个人。值得欣喜的是，我们已经看到一些超级个体的雏形：擅用AI办公的人效率是常人的数倍；安装智能家居的人生活井井有条、时间充裕；佩戴脑机接口的瘫痪者重获行动能力，人生轨迹改写。这些真实案例和数据，无不证明技术赋能个人的巨大价值。英伟达CEO黄仁勋就曾预言："未来将出现一批特别擅长使用AI的超级个体，他们能够借助AI极大地放大自己的能力、节省时间"。可以想见，当脑机接口、AR眼镜、AI助手普及后，这样的超级个体将不再是凤毛麟角，而会在各行各业脱颖而出。他们或引领科研前沿，或创业颠覆传统产业，或在艺术创作上达到前所未有的高度。

然而，在憧憬美好前景的同时，我们也应保持清醒。超级个体的出现，并不意味着技术带来的社会挑战自动消解。恰恰相反，正因为个人拥有了前所未有的力量，如何善用而非滥用变得更重要。超级个体依赖的技术同样可以被不良者利用，譬如用AI作恶、用脑机窃密等。因此，每一个被赋能的个人也肩负相应的社会责任——既要遵循伦理规范，也应帮助他人一同成长，避免"强者恒强、弱者恒弱"的两极分化。超级个体不是孤岛，而是社会网络中的节点。只有当更多的人通过人机融合实现能力提升，全社会的创造力和福祉才能整体跃升。这也是《超级个体》一书的深层期望：科技不是精英的独奏，而是大众的交响。在人机融合时代，我们当努力让每个人都有机会成为那个更强大的自己，从而汇聚成一个个体强、群体亦强的新文明形态。

展望未来，超级个体的故事才刚刚开始。或许多年后回望，当人类普遍与AI为伴、脑中有芯片、眼中见AR，我们会惊叹于自己如何走过这段奇妙旅程。但可以肯定的是，人类追求进步与超越自我的脚步不会停止。从茹毛饮血到驾驭火种，从刀耕火种到信息互联，每一次飞跃都塑造了"新人类"。而这一次，人机融合塑造的新人类，将真正模糊"人"与"机"的界限，进入尼采所憧憬的"超人"（Übermensch）境界。到那时，也许我们很难分清何为人、何为机器，因为两者早已你中有我、我中有你，共生共荣。但只要我们始终以人类的梦想和价值为灯塔，那么无论科技如何演进，这种融合带来的将是个人价值的延展与集体文明的升华。每一个超级个体的涌现，归根结底都印证着人性的伟大创造力。而千千万万个这样的个体一起谱写的未来，才是人机融合时代最动人的宏伟乐章。

扫码开启克隆自己，成为超级个体

4

第四章 机器替代：历史回响与未来挑战

"每当新技术出现时，工作就会被摧毁，新的就业机会就会被创造出来。问题是，他们不是相同的工作，他们也不去找同一个人。"

—— 约瑟夫·斯蒂格利茨（JOSEPH STIGLITZ）

故事开场：司机的忐忑

深夜的旧金山街头，资历30年的出租车司机马修·萨特（Matthew Sutter）缓缓驶过一片寂静的街区。路边，一辆外形奇异的无人驾驶汽车亮着旋转的激光雷达，在十字路口稳稳停下，车内空无一人。不远处的站台上，一名乘客挥手示意，那辆贴着「Cruise」标志的Robotaxi径直驶过去接单。萨特轻叹一声，在后视镜中看着那车尾灯远去。"如果无人出租车不受限制地扩张，我担心我们撑不过去，"他曾在市政听证会上这样抗议。对这位经历过网约车冲击、勉力度过疫情的老司机来说，如今机器真的开始取代人类驾驶员，这是他从未料想过的生存危机。

与此同时，在大洋彼岸的硅谷，一位刚被解雇的中年程序员收拾着工位上的私人物品走出办公楼。他手中的纸箱里，有十几年来获得的团队纪念品和荣誉奖状。然而就在前一天，公司高管还在内部大会上宣布将大力投入人工智能工具，以提高编码和文案工作的效率。从事后台代码维护的他隐约意识到：自己的岗位，或许正是被那些"更高效、不知疲倦"的AI程序所取代。"要用更少的人做更多的事，"公司领导这样强调。在科技巨头一向舒适安稳的象牙塔里，这番话无异于一道惊雷。过去一年，谷歌、亚马逊、Meta等公司接连裁员，数万技术员工被迫离开曾经引以为豪的企业。许多人和他一样百思不解：曾经以创造未来为使命的高科技行业，为什么突然对"人"变得如此残酷？

透过这两位普通人的遭遇，我们开始触摸到一个沉重而现实的主题：机器替代人力。从司机到程序员，从工厂流水线到办公室工位，无数劳动者正经历一场前所未有的角色转换。机器不再只是工具，更在某些领域成为了人类的竞争者乃至替代者。这一挑战并非凭空出现；历史的回响早已告诉我们，每当技术大步向前，总有人被抛在时代之后。本章将以通俗畅销书的笔调，穿梭历史与现实，串联起卢德分子砸机器的怒火、流水线革命的风暴以及今日人工智能浪潮下的种种冲击。通过真实案例和数据，我们将探寻不同国家和行业面对"机器替代"时的抉择、社会情绪的跌宕，以及人类为守护自身价值所作的努力。最终，我们将回到一个积极的人本思考：也许，机器替代并不是终点，而是人类进化道路上的又一座中转站。

历史回响：从卢德分子到自动化浪潮

技术带来的冲击并非始于今日。早在两个多世纪前，机器取代人力的故事就已在上演，而且一度以暴力和鲜血为注脚。1811年冬天，英国诺丁汉的纺织工们点燃了反抗之火。随着机械织布机的引入，工厂主们大幅提高了产能，却压低了人工织工的收入。生活无以为继的一群织工夜间蒙面出动，砸毁那些让他们失业的机器。他们自称为"卢德的信徒"，以传说中反机器英雄奈德·卢德命名。这场卢德运动从诺丁汉迅速蔓延至英格兰多地，上万台机器被毁，上百万劳工卷入抗争。面对机器，工人们高喊的是对生存权的捍卫。当局却站在技术和资本一边，派出军队镇压暴乱，将带头者处以绞刑。卢德分子的锤子终究无法阻挡工业革命的洪流，新技术不可逆转地推广开来。但这段历史留下的警示弥足珍贵：当技术进步没有配套社会措施时，劳工阶层的痛苦往往以激烈乃至悲剧的方式爆发。

进入19世纪中后期，机器大工业全面崛起。为了避免再次陷入卢德式的绝望，劳工群体选择了新的抗争方式：组织工会、争取立法。各国工人运动此起彼伏，终于促成失业救济、工厂法等制度的诞生。这些措施虽然未能阻止技术替代，却多少缓冲了社会创伤。然而好景不长，20世纪中叶的新一波自动化浪潮再度让劳工不安。工厂里出现了机械臂、流水线自动机，大批传统产业工人（纺织女工、汽车装配工等）再一次面对饭碗不保的危机。据1960年代的报道，当时的就业专家已经在担忧：自动化可能让经济无法创造足够新岗位来弥补失业。在西方国家，工会多次发动罢工抗议"技术型失业"，社会上对机器抢饭碗的焦虑甚嚣尘上。历史仿佛在重演：从蒸汽机时代的织工，到电气时代的工厂工人，再到电脑时代的办公人员，每一次生产力飞跃总伴随着旧岗位的消亡与新岗位的诞生，而这一此消彼长的过程注定有人掉队。

正如诺贝尔经济学奖得主约瑟夫·斯蒂格利茨2017年在达沃斯所指出的："每当新技术出现时，工作就会被摧毁，新的就业机会就会被创造出来。问题是，它们不是相同的工作，它们也不会由同样的人去填补。"回望历史，我们不断看到这个规律在不同时代上演。技术进步是一股不可阻挡的车轮，在碾碎旧世界的同时也开启新世界的大门。但对于被碾过的人而言，如果缺乏帮助，这道门未免太过沉重。

更快更猛的浪潮：AI时代的失业冲击

如果说过去机械自动化主要替代的是肌肉和体力，那么当今的人工智能（AI）则开始深入替代大脑和认知。这使得当代的失业冲击来得更快、更猛，也更难以预测。在呼叫中心、商场收银台、银行信贷审核、人事行政等流程清晰、重复性高的脑力工作岗位上，训练有素的算法正逐步胜任这些工作。尤其是近年来，生成式AI（如OpenAI的ChatGPT）展示出惊人的语言处理和内容创作能力，人们震惊地发现：机器不仅能写客服回复，居然还能写文案、写代码，而且质量还不俗。一时间，从基础文员、数据录入员、流水线质检员，到基础客服、翻译校对等，大批过去被视为"白领"或"脑力劳动"的岗位，突然被列入了最易被AI取代的高危清单。相比之下，那些高度依赖创造力、战略决策或人际同理心的工作暂时安全一些——比如学前教育、心理咨询、高级管理决策等——因为AI还难以复制人类的情感洞察和创造火花。但即便如此，一些传统意义上"高智商"的职业也未能幸免：法律助理起草合同、初级会计分析报表等模式化程度高的任务，同样开始被AI分担或替代。我们正逼近一个全面自动化的临界点：体力劳动和认知劳动的众多环节几乎同时被机器大规模接管，人类传统就业结构正在发生前所未有的巨变。

在Amazon的现代化仓库内，一支橙色机器人大军正悄然劳作。它们外形像大号的圆盘吸尘器，穿梭在货架之间，把沉重的货架顶起运送到拣货员工面前。自从2012年收购机器人公司Kiva以来，Amazon投入巨资引入自动引导运输车、机械臂分拣等技术。如今，这家公司在全球仓库里已部署了超过100万台机器人——相当于几乎每一名仓储员工都配备了一个机械同事。Amazon官方甚至宣布，其配送订单中有75%经过了机器人的辅助处理。这些机器人让仓库运转变成了一场复杂的舞蹈：机器与人类协同搬运、扫描、包装，实现了前所未有的效率提升。管理者们欣喜地表示，机器人接手了许多枯燥繁重的体力活，如搬运货物、排序打包，让人类员工可以从事"更有技能含量"的工作，例如维护设备、监控系统。公司还自豪宣称通过培训计划已"提升"了70多万名员工的技能，使他们准备好与机器人协作的未来。然而，劳工权益组织和一线员工们对此却有不同声音：当机器不知疲倦地日夜运转，意味着人类员工不再被需要加班费、不再会抱怨劳累。即使Amazon声称"机器人是为了辅助而非替代员工"，但它同时也承认，自动化将"放缓"未来的人力招聘需求。换言之，随着业务增长，公司可以用机器人填补新增工作量，而不必再雇佣那么多人类。这对尚未失业的员工来说，同样构成隐忧：正如一位Amazon老员工所言，"大家都心里没底，压力山大——得一个人干几个人的活，稍不努力就可能被淘汰"。

今年（2023年）年初，一张大裁员名单在社交媒体上疯传：Alphabet（谷歌母公司）裁员12,000人，Microsoft裁员10,000人，Meta裁员11,000人，Amazon在两轮中裁员共27,000人……硅谷科技巨头在人们印象中一向提供稳定高薪的"金饭碗"，却在短短几个月内集体挥舞起了镰刀。到2023年一季度末，仅谷歌、亚马逊、Meta和微软四家就合计裁掉了超过6万人。这些数字背后，是成千上万和我们开篇那位程序员一样茫然无措的个体：有人贷款买了湾区的房子，转眼失去收入来源；有人在公司服务十几年，一朝被通知"你的岗位已不再需要"。令人玩味的是，这场裁员潮并非传统意义上的经济衰退导致，相反，这些公司财报依然盈利，只是增速放缓。真正的导火索在于——"效率"。高管们口中的"提效"几乎成为统一说辞：要用更精简的团队完成任务，要削减"臃肿"的中层和低绩效员工，把资源集中投入人工智能等新兴领域。Meta的创始人扎克伯格甚至直言2023年是公司的"效率之年"，将裁撤管理冗余，让工程师回归高强度工作节奏。在人工智能竞赛日益激烈的背景下，硅谷巨头们一边豪掷千金研发AI模型，一边毫不留情地淘汰"多余"的人力。这既是对投资人负责，也因为他们相信AI能够帮助少数精英完成多数人的工作。一个极端但真实的案例是，马斯克接管推特（Twitter）后将员工数从7500削减到不足2000，裁掉近八成员工。尽管外界预测推特会因此瘫痪，但最终这个平台仍然运转了下来。这一事件在科技圈引发强烈震动：原来过去认为离不开人工的工作，或许真可以用更少的人甚至机器来维持。许多CEO从中受到"启发"，开始重新评估手下团队的必要规模。可以说，AI和自动化让资本第一次有底气想象一个"低人力"的高利润未来。

当然，和以往历次技术革命一样，AI所催生的新机遇并非没有。世界经济论坛（WEF）在2020年的一份报告中预测：到2025年，自动化和新技术将消灭8500万个工作岗位，同时创造9700万个新岗位。这些新岗位主要集中在数据科学、人工智能、内容创作、云计算等"未来产业"。投资银行高盛也在2023年的分析中指出：全球约3亿个全职工作可能因AI自动化而受到影响。但高盛的经济学家同样强调，历史上每次技术导致的岗位消失，最终都被新职业的涌现所抵消，甚至带来了长期就业总量的增加。例如信息革命催生了程序员、数码营销等过去不存在的职业，也拉动了对教师、医疗等服务业岗位的需求。然而，需要注意的是，新岗位所需的技能与地域，往往与消失的旧岗位并不匹配。高速出现的新工作机会，未必能及时被今天失业的人去填补。如果社会和个人来不及完成技能重塑，那么在转型过渡期内，失业和人才错配的问题就会格外突出。麦肯锡的研究多次警示，2030年前后全球将有相当比例劳动者需要转岗或进修新技能才能继续就业，其中制造业流水线等领域劳动力需求将显著下滑，而科技、新能源等新兴行业用人需求会上升。换言之，AI带来的将是一次就业版图的洗牌：一边是传统岗位批量消亡，另一边是新兴岗位激增，但两者之间存在巨大的鸿沟，需要全社会共同努力去跨越。

AI冲击的独特性也值得深入分析。相较工业革命或计算机革命，这一次有三个显著不同：(1) 波及范围更广：过去机械化主要影响制造业和农业工人，而AI有潜力影响几乎所有行业的脑力工作者，从金融、法律到教育、媒体，无一幸免。(2) 转换速度更快：以前技术更替往往需要十几年甚至一代人时间，如今回顾ChatGPT，仅在发布几个月内就被全球广泛应用。企业采用新AI工具的周期以月计甚至周计，劳动力市场几乎没有缓冲时间。(3) 对技能结构的颠覆性更强：以往自动化主要替代低技能劳动者，受影响者可以通过进入服务业等领域再就业；而AI这次瞄准的是中等技能乃至部分高技能岗位，白领阶层首当其冲。这些特点叠加，使得AI时代的失业潮很可能比历史上任何时期都更加剧烈。早在1960年代，《时代》杂志就曾悲观地写道："过去新产业创造的就业远超其消灭的就业，但现在许多新产业并非如此……它们提供给低技能和半技能工人的机会相对较少，而自动化吞噬的正是这两类人的工作。"半个多世纪后的今天，这一预言或将成真。如果我们不提前布局，应对这场就业地震的时间窗口将极为短暂。正如有学者比喻的，在AI这辆高速列车面前，社会各界必须迅速行动，否则很可能"措手不及被甩下车"。

中国的独特考验：首次面对大规模产业工人替代

值得注意的是，中国正历史上第一次面临新技术大规模取代产业工人的局面。回顾中国近代以来的技术变迁，多数情况下新技术的引入伴随着就业总量的扩张，而非收缩。例如，改革开放后的工业化进程，将亿万农民转化为产业工人，为中国提供了长达数十年的"人口红利"。技术进步在中国更多体现为产能扩张和岗位增多：从田间地头走进工厂流水线，从自行车到汽车、高铁的普及，无不创造了庞大的就业机会。然而，AI和智能自动化的到来，正在改变这种趋势。中国制造业正经历一场"机器换人"的新浪潮，这一次，新技术并非为了吸纳更多劳动力，而是直接用来替代现有工人。

权威数据可见端倪。中国已连续多年成为全球工业机器人最大消费国：2023年中国新安装工业机器人27.6万台，占全球总量的一半以上。机器人密度（每万名工人对应的机器人数量）这一指标上，中国在短短数年内超越德国、日本，跻身世界前三。自动化浪潮直接带来的是部分制造岗位的萎缩。根据国际机器人联合会(IFR)报告引用的官方数据，2011年至2023年间，中国12个劳动力密集型产业的大型企业就业人数累计减少了约26.5%。换言之，在十余年间这些传统行业的四分之一工人岗位已消失。另有研究预测，到2030年中国的工业机器人保有量将达1400万台，按每台机器人替代1.6个工人计算，未来仍有数千万制造业岗位面临被取代风险。事实上，自2000年以来，中国因工业机器人应用而减少的制造业工作岗位估计已达55万个，超过同期美国(约26万)和欧洲(约40万)的总和。这些数字无不预示着：中国正从未有过地踏入"净岗位流失"的技术变革时代。

这一局面对中国决策者提出了前所未有的挑战。在过往，经济高速增长和产业升级为劳动力提供了源源不断的就业出口；而今后，随着人口老龄化和总量拐点的出现，技术替代可能进一步加剧"用工荒"与"就业难"并存的结构性矛盾。一方面，企业抱怨招不到愿意从事传统制造业的年轻工人，"机器换人"被视为必然选择。例如富士康等制造巨头近年来积极推广无人化"黑灯工厂"，以机器人流水线取代人工，不仅节省成本，也避免了用工紧张。在江苏昆山这样的制造业重镇，政府调查显示有多达600家企业计划引入机器工人，若这些计划全面实施，可能造成多达250万工人失业。这些数字无疑令社会神经紧绷——下岗工人将去向何处？另一方面，新技术领域的人才需求却极为旺盛，高技能工程师和技工供不应求。据预测，到2025年中国高档数控机床和机器人领域人才缺口将达到450万。也就是说，低技能岗位大量消失的同时，高技能岗位严重空缺，人才结构性的供需错配已现端倪。如果不能在教育培训上及时跟进，这种错配将进一步扩大，既不利于失业者再就业，也制约了新产业的发展。

相比西方发达国家，中国的社会保障和应对机制在面对这场挑战时也有自身薄弱之处。尽管中国已经建立了覆盖全民的基本养老和医疗保障，但失业保险及再就业培训体系相对不足，特别是针对农民工等流动就业群体的保障不健全。如果制造业大批工人失业，如何为他们提供生活保障和转岗培训，将考验政策制定者的智慧和决心。此外，中国幅员辽阔，各地区经济发展和产业结构差异大。沿海发达地区或许能通过服务业升级吸纳一部分被替代的制造业劳工，但中西部以传统产业为主的城市可能就业弹性不足。由技术进步引发的区域性失业问题不容忽视。一旦某些城市出现大规模失业人群，势必对当地社会稳定造成压力。可以说，这场技术革新对中国而言是一次全新的大考：既要稳住经济转型升级的大局，又要确保民生底线不被冲破。

案例深描：机器替代进行时

要让上述宏观趋势更直观，我们不妨深入几个具体案例，看看机器替代是如何在不同行业、不同场景中发生的。这些故事散落在过去两三年全球各地的新闻版面上，从中我们或许能一窥未来的轮廓。

∾

◆ 科技巨头的裁员寒潮（2022–2024）

2022年底到2023年，硅谷的办公园区里频频响起滚动行李箱的声音。一批批科技员工在保安的注视下离开办公楼，脸上写满失落与困惑。这场风暴从Meta开始：2022年11月，Meta宣布裁员约11,000人（占员工总数13%），创下公司历史裁员之最。当时CEO扎克伯格在公开信中承认对公司营收增长过于乐观，人员扩张过快，不得不进行调整。然而仅仅四个月后，Meta又启动了第二轮大裁员，计划再削减一万人，并关闭5000个空缺岗位。紧随其后，Alphabet（谷歌）宣布裁撤12,000名员工，微软裁员10,000人，亚马逊更是在2023年1月和3月分两批合计裁员约27,000人。这一连串重磅消息震惊了全球——这些过去求职者心中的"金饭碗"公司，缘何一夕之间变得如此"薄情"？

表面原因是疫情红利消退、宏观经济放缓，让科技巨头结束了"过度招聘时代"。但更深层的驱动力在于数字时代新的竞争焦点：人工智能。Meta在2023年转向"强化效率"和元宇宙、AI等前沿项目，缩减一切与这些愿景无关的成本。谷歌则拉响了内部"代码红色"，全力迎战来自OpenAI的挑战，一边裁撤非核心部门人员，一边要求留下的员工"提高产出，不进办公室就得每周工作60小时"。亚马逊和微软同样将资源集中投向云计算和AI业务，对传统部门人员做出优化。简而言之，AI赛跑开启后，这些巨头不约而同地瘦身，为的是跑得更快。过去那种业务全面开花、人手充裕冗余的豪奢时代已然结束。从员工角度看，这种转变既突然又严酷：曾几何时，公司为招揽顶尖人才开出高薪、股票和各种福利（免费三餐、按摩理疗等），而现在风光不再，等待他们的是无情的绩效裁撤和强制重返办公室。

在公司内部，这场寒潮也引发了一种恐慌的工作文化。不少企业开始奉行马斯克式的"硬核"管理哲学。Twitter自被马斯克收购后砍掉了80%的员工，却依然活着，这件事让许多CEO意识到组织臃肿的成本。现在，硅谷的领导们也公开宣扬起"极限强度"的工作理念：要员工像创业初期那样拼命，加班成为常态，所谓"Work-Life Balance"被淡化甚至嘲讽为软弱。Meta甚至强调公司需要找回"男性化的进取精神"，通过新一轮考核淘汰低绩效者约4000人。Google则启动了"效率驱动"行动，创始人布林亲自督阵AI项目，并要求团队周产出代码量显著提升。一位Google员工私下里将这种氛围形容为"用更少的人干更多的活"，人人自危。还有Amazon的员工爆料："不确定性太多了，现在大家压力很大，一个人得干几个人的活，稍有差池就可能被盯上"。对于技术员工来说，他们感受到的是角色的微妙转变：从被呵护的"人才"变为了和机器赛跑的"成本"。人工智能工具如GitHub Copilot、内部代码生成AI等开始大规模应用，很多程序员发现日常写码的效率提高了，但心中也在打鼓：当AI可以完成30%、甚至40%的代码编写，公司还需要这么多工程师吗？微软CEO纳德拉就公开表示，目前微软内部已有接近1/3的代码由AI生成，未来这个比例会继续攀升。GitHub的CEO更夸张地预测："很快80%的代码将由Copilot生成"。如果真有那么一天，大部分普通程序员的价值将被系统重塑——他们需要变成能驾驭AI的人，而不是纯粹写代码的人。

◆ 仓储与物流：机械臂与算法的接管

走进当代的超级物流中心，一场无形的效率革命正在上演。以全球电商巨头Amazon为例，其仓库里遍布摄像头、传感器和AI算法指导下的机器人体系，被誉为"物流界的钢铁军团"。早些年仓库里人来人往、叉车穿梭的景象，正逐渐被井然有序的机械协作所取代。Kiva机器人就是这场变革的开端：小巧的橙色机器人滑行到货架下方，将货架顶起运送到拣货员面前，取代了人工来回跑动找货的低效模式。Amazon在2012年以7.75亿美元收购Kiva Systems，引入这一系统后，仓库拣货效率提高近三成，大幅减少了员工走动距离。此后Amazon更是一发不可收拾，不断研发新型机器人：有代号"Hercules"的升级版搬运机器人，可举起约500公斤的货架；还有代号"Pegasus"的自动分拣系统，用机械臂将包裹精准甩进对应的滑道筐。2023年，Amazon宣布部署了名为"Sparrow"的机械手臂，能够识别并抓取多达65种不同尺寸和形状的商品，实现从拣货到包装环节更高程度的自动化。

这场机器人接管仓库的运动，其目的不仅在于提效，更在于应对传统人力模式的诸多痛点。仓储工作往往枯燥而繁重，离职率高企。据报道Amazon一些配送中心年员工流动率超过100%，人手永远紧缺。机器人可以24小时连轴转，不会抱怨腰酸背痛，自然成为管理者眼中的理想劳动力。Amazon高管曾透露，引入机器人后公司每年新增岗位的需求曲线显著"变平"。尽管Amazon也强调机器人不会导致现有工人大规模下岗，而是通过"自然流失"逐步调配，但这对整个行业就业的影响不容小觑。例如在传统零售业，因为自动仓储和自动收银的兴起，许多超市仓管、理货员、收银员的岗位需求都在下降。有分析估计，到2030年光是在美国，物流和仓储自动化可能取代超过100万人的就业。而全球范围内，自动化技术可能在本十年让多达8亿劳动者面临岗位变化。这些数字当然有假设成分，但趋势已经非常明确："货到人"的物流模式正快速崛起，"人到货"的传统模式日渐式微。

需要指出的是，物流领域的机器替代并不总是意味着人力彻底消失，更常见的是"人机协作"的新范式。在Amazon仓库，我们依然能看到员工的身影，只不过他们的工作内容与从前大不相同：有人在控制中心监控上百台机器人运行，处理异常状况；有人成为机器人维修技师，定期检修保养机械设备；还有人从事数据分析，根据算法提供的效率报表优化流程。可以说，原本的"体力劳动者"在转型为"机器操作员"或"数据分析员"。Amazon声称通过内部培训，已有超过70万基层员工获得了机器人操作和维护技能认证。这当然有企业公关的一面，但的确反映了职业要求的变化。

然而，对于很多缺乏技能、年龄偏大的基层工人而言，这样的转型并非易事。想象一位在仓库搬箱子干了十年的老员工，突然被要求学习编程逻辑去给机器人下指令，这种技能鸿沟可能让他难以跨越。而一旦他的体力优势被机器取代，又无法胜任新的技术岗位，那么他的就业前景就会变得相当黯淡。这正是"新卢德主义"情绪在当代复燃的土壤。在一些物流中心，工人曾发起抵制自动化的请愿，要求放缓机器部署速度，以保障人力岗位。他们的口号听起来颇耳熟："机器人拿走的不是工作，而是我们的生计。"历史仿佛回到了1811年的诺丁汉，只不过这次工人们砸的不再是纺织机，而是一些在他们看来篡夺了自己价值的冷冰冰算法和钢铁手臂。

～

◆ 无人驾驶的车轮革命：Robotaxi席卷城市

2023年8月的一个黄昏，旧金山市政中心外聚集了一群出租车和网约车司机。他们手举标语，抗议加州公共事业委员会（CPUC）即将批准无人驾驶出租车（Robotaxi）在全市范围24小时商业运营。在人群中，有人愤怒地大喊："我们才熬过了Uber的冲击，现在又要被没有司机的汽车替代吗？"领头的正是我们开篇提到的老出租车司机萨特。他激动地对媒体表示："如果对这些机器人出租车不加限制，我们真的撑不下去了！"抗议者担心，一旦允许Waymo和Cruise的自动驾驶车队全天候抢客，他们辛苦维系的生计将不复存在。他们的焦虑并非空穴来风：就在几天后，监管机构无视了抗议，投票同意Waymo和Cruise在旧金山全面开展付费Robotaxi服务。这个决定等于官方宣判了"无人车可以平等地和有人车竞争"，对传统司机群体而言无疑是沉重一击。

旧金山的经历只是缩影。近年来，无人驾驶汽车正从测试走向商用，在全球多地掀起了一场车轮上的革命。在美国，Alphabet旗下的Waymo公司和通用汽车旗下的Cruise公司领先一步：Waymo的无人车已在凤凰城部分城区提供商业载客服务，并于2021年开始试点进入旧金山；Cruise则在2022年拿到旧金山市的有限运营许可，2023年扩展到可以收取车费。到了2023年中，两家公司分别宣称各自在旧金山完成了超过100万英里以上的自动驾驶测试里程，零死亡事故。支持者们认为，无人车没有酒驾、不会疲劳驾驶，将显著减少交通事故，提高出行效率。然而另一方面，这些Robotaxi在试运营中也爆出过一些令人哭笑不得的问题：有时在路口无故停车挡道、在消防车后面傻等、不知道如何处理警方指挥等等。尤其在旧金山，这些问题一度引起警方和消防部门的不满，抱怨无人车干扰了紧急任务。即便如此，大趋势仍不可逆：Robotaxi的算法在迅速进化，越来越多的城市开始悄然出现无人驾驶车的身影。

在中国，北京、上海、深圳等地也相继开放了自动驾驶出租车的试运营。以北京为例，早在2022年11月，北京就批准百度旗下Apollo和初创公司小马智行（Pony.ai）在亦庄经济开发区开展全车无人驾驶的载客示范。百度投放了10辆没有安全员的Apollo Robotaxi上路，服务时间为每日7:00至22:00，乘客通过手机App叫车即可，起步价18元人民币。不久后小马智行也跟进提供类似服务。短短一年内，北京先后开放了多个城区的无人驾驶测试和示范运营，到2023年底，全市全无人测试里程累计已达34.9万公里。百度萝卜快跑（Apollo Go）平台截至2023年9月更是已在全国取得了超过410万单载客订单。广州、深圳、武汉、重庆等城市也都划定了区域，让百度、文远知行等公司开展Robotaxi服务。有些城市甚至推出了无人驾驶接驳机场的线路，作为科技创新的名片。

无人驾驶车的到来，对城市交通是利是弊，目前看可谓几家欢喜几家愁。欢喜的是乘客：许多体验过Robotaxi的人发现车内宽敞干净，没有司机的话碎和绕路的顾虑，只需安静坐好即可到达目的地。一些原本因夜间治安或司机问题而担忧的乘客，开始在深夜更愿意选择无人车作为安全的代步工具。愁的是司机：对于出租车和网约车从业者而言，Robotaxi直接动摇了他们的就业饭碗。正如旧金山的出租车联盟代表格鲁伯格所言，"让这些车辆全天候在城市里接客，而它们显然还不成熟，是个巨大错误"。他虽然主要针对的是安全问题提出质疑，但背后折射的也是对司机群体生计的担忧。更残酷的是，Robotaxi的商业模式可能比人工车辆更具价格优势。一辆无人车可以一天24小时运营，没有人力成本，没有换班休息，理论上可以将单次出行费用压得更低。这意味着哪怕有监管设置的运营数量上限，一旦Robotaxi密度达到一定程度，人类司机在价格和服务时间上将很难竞争。

面对这种冲击，世界各地的司机群体开始尝试不同的应对。有的选择联合抵制、游行示威，试图通过政治力量暂缓无人车的扩张（例如旧金山的抗议活动）；有的则谋求转型，有的Uber司机开始考取无人车运营商的技术岗位，希望"改行不下岗"；也有人索性放弃载客行业，转而寻找那些短期内机器还无法替代的工作，比如需要复杂手艺或人情味的领域。种种选择背后，是每个人对自己在未来世界定位的重新思考。当方向盘从人手中滑落交给AI，大众对于"驾驶"这一曾经广泛提供就业的技能，不得不重新衡量其价值。未来或许真的会出现这样一天：城市街头跑的车大部分没有司机，人类开车反而成了一种奢侈的爱好或运动。那时，我们又该如何安置曾经庞大的司机群体？这是摆在政策制定者、城市规划者面前的一道现实考题。

～

◆ 白领办公的AI入侵：从文案到人事

2023年春天，美国知名媒体BuzzFeed宣布一项令人瞠目结舌的决定：将利用OpenAI的模型来生成部分新闻素材和测验题内容，藉此降低人工成本。几乎同一时间，金融界也发生了一件轰动的大事：IBM首席执行官克里希纳表示公司将暂停招聘部分职位，因为未来几年约7800个岗位可以被AI取代。他具体指出，人力资源等后台支持性岗位有近30%可以通过人工智能和自动化实现。这番表态被视为大型企业对AI取代白领工作的背书，引起了广泛议论。人们震惊地发现，原来不仅工厂工人，连写字楼里的白领也开始站上了被替代名单。

事实上，早在ChatGPT横空出世之前，职场中对AI的应用就已悄然铺开。许多公司的人力资源部门开始用算法筛选简历、自动回复求职者邮件；市场营销团队使用AI文案工具生成广告语和产品描述；财务部门利用机器人流程自动化（RPA）软件自动录入发票、对账和生成财报。生成式AI的突破将这一趋势推向了高潮。以ChatGPT为代表的大模型，可以根据提示快速撰写长篇文章、代码脚本，甚至绘制图表、分析数据。这使得它在办公室的用武之地几乎无所不包：从写一封营销推广邮件，到拟定合同草案、整理会议纪要，再到编写程序的样板代码——过去需要初级职员花数小时完成的任务，ChatGPT几分钟就能给出初稿。正如一家媒体所评论的："ChatGPT能够在几秒钟内创作出令人信服的市场营销文案"。虽然目前来看，这些AI生成的内容往往需要人类润色修改，尚未达到可以彻底取代人的水准。但对于许多企业来说，它已经成为"减少人手、提高产能"的理想工具。有些广告公司过去需要10名文案写手，如今也许5个人加一个ChatGPT团队就足够运转。美国某些律师事务所也在尝试用AI起草标准法律文件，让年轻律师改为审核和修改的角色。这在无形中大幅削减了基层岗位的需求。

一个耐人寻味的例子来自媒体行业：2022年底，有人发现美国科技网站CNET在未公告的情况下使用AI撰写了几十篇财经稿件。虽然CNET后来因内容准确性问题进行了纠正并暂停了该做法，但这一事件证明AI已经开始侵入记者与撰稿人的领地。一些小型出版物出于成本考虑，甚至直接采用AI翻译、AI写稿，减少对自由撰稿人的依赖。这让不少文字工作者开始担忧，自己苦心经营的写作技能会不会一朝变得一文不值。一位自由文案写手在社交平台上感叹："以前客户嫌我写得慢，现在他们直接让我用ChatGPT赶稿，价钱还压低了。"AI工具提升了内容生产的速度，也改变了供需的博弈：客户知道有AI这个"廉价劳动力"，自然对人类写手更加挑剔。

还有些白领工作，AI替代的方式是"润物细无声"的。比如客户客服支持，以前公司可能雇很多客服坐席在线解答，现在大量问题可以通过智能客服机器人来解决，人类坐席只处理少数复杂情况。又如翻译校对行业，AI翻译的质量大幅进步后，一个译员可以在AI初稿基础上同时润色多份文件，产能远超以往。类似地，在程序开发领域，微软GitHub推出的Copilot辅助编码工具，能让工程师更快写出代码片段。据报道，在启用Copilot的团队中，平均近40%的代码由AI提供。这并不意味着程序员会消失，但意味着一个程序员可以完成过去两三个人的工作量。IBM CEO克里希纳关于"暂停招聘"的言论背后，其实隐含着这个逻辑：我们现有人手配合AI已经够用了，不需要再招那么多人。

对在职白领而言，AI助手既是帮手也是潜在的竞争者。很多人发现自己的工作内容在改变：以前花大量时间执行重复性任务，现在这些任务被AI分担了，自己需要承担更多监督AI、把关质量的新责任。这要求他们具备更高的技能和判断力。例如文案人员要懂Prompt（提示词）工程，知道如何让AI输出符合品牌调性的内容；法务人员要学习如何验证AI起草合同的准确性并作修改；程序员更需要精通架构和复杂逻辑开发，以便利用AI快速生成基础代码后整合完善。那些无法适应这种转变的员工，可能会被视为"多余的人力"。职场的门槛正在因AI而提高，这无疑给许多尚未充分准备的人带来压力。一些前沿公司已经在招聘启事中写明："需熟练使用ChatGPT等AI工具"，将AI技能当作和Office软件类似的基本要求。如果说过去计算机普及淘汰了一批不愿学习新技术的办公室人员，那么AI普及也可能重演这一幕——那些拒绝或无法利用AI提高效率的人，将发现自己在团队中的价值被质疑。

当然，乐观者会指出，AI也创造了不少全新的白领岗位。比如Prompt工程师（专业设计AI提示词以获得理想输出的人）、AI模型训练师、AI道德审查员等等。OpenAI公司的崛起带动了一批AI初创企业，需要大量数据标注、模型调优、人机交互设计方面的人才。这些新的职业机会对于具备相关技能的人来说是机遇。不过，从社会整体看，这些新兴岗位的数量目前远少于被AI影响的传统岗位数量。例如，当一个银行采用AI智能客服后，可能淘汰数百名呼叫中心坐席，但新增的AI维护和数据分析岗位可能只有个位数。这中间的落差就是我们必须面对的就业阵痛。

国际劳工组织的一份报告提出过一个有趣的观点：企业应用AI带来的收益，理应以某种形式返还给劳动者，否则将加剧不公平。因为AI的训练数据很多源自人类创造的知识和劳动（比如ChatGPT的语料来自无数互联网文本的学习），那么当AI替代人类工作产生利润时，劳动者也应分享这"数字红利"。这也是一些经济学家呼吁"机器人税"或"数据红利"的原因。他们建议对用AI大量取代人工的公司征税，用这些钱建立基金补贴下岗工人，或者干脆发放全民基本收入（UBI）。UBI理念的支持者认为，在一个AI极大提高生产率的时代，让全民无条件每月领取一笔基础收入，可以保障基本生活，并给人们更多选择做自己喜欢或擅长的事情。一些国家和地区已经开始试验UBI项目，比如芬兰、加拿大安省，甚至肯尼亚都有NGO组织发放UBI的长期实验。结果发现人们拿到钱后确实有的减少了低薪苦差事，但很多人利用这保障去创业或进修，反而为经济带来新活力。当然，对于大多数国家而言，在现阶段推行UBI仍有巨大财政和政治阻力。而征收"机器人税"更面临技术定义难题：究竟什么算机器人，什么算普通软件？如何界定AI对岗位的替代程度并量化征税？这些都没有清晰答案。但可以预见，随着AI影响加深，围绕这些议题的讨论只会更加热烈。

政府与社会：准备何在？

面对AI引发的潜在大规模失业，政府的准备显然滞后于技术的步伐。历史经验表明，及时的政策干预与社会保障可以大大缓冲技术替代带来的冲击。例如19世纪后期至20世纪中叶，西方国家逐步建立失业保险、职业培训和工人福利制度，就是对工业化早期阵痛的迟来的补课。然而时至今日，许多国家在应对AI冲击方面依然显得迟缓和被动。一方面，大部分政府尚未就AI导致的就业结构变化出台系统性的应对策略。教育与技能培训体系依旧沿袭旧有模式，难以跟上AI时代对新技能的需求。很多国家的职业教育仍偏重传统行业，对于数据标注、机器人工程、AI应用等新兴岗位的培训供给明显不足。另一方面，社会保障网络未充分覆盖新就业形态下的劳动者。随着零工经济和自由职业兴起，大量劳动者不再是正规全职员工，传统社保和劳动法规对他们的保障存在空白。这意味着当他们被技术淘汰时，可能得不到失业救济、再就业培训等支持，从而加剧转型的阵痛。

此外，政府在宏观政策上也存在两难抉择：是放缓技术应用以保住现有岗位，还是鼓励技术创新以求长远利益？历史上不乏因顾虑就业而暂缓新技术应用的例子。例如英国曾在十八世纪颁布"起毛机禁令"禁止高效织布机，以保护工人饭碗；但事实证明，这种逆技术潮流而动的举措最终难以为继，只会导致国家竞争力落后。相反，如果完全对市场放任不管，任由技术快速替代劳工，又可能引发严重的失业危机和社会不稳定。如何在鼓励创新与维护社会稳定之间取得平衡，是政府面临的巨大挑战。遗憾的是，目前多数国家对此尚未拿出令人信服的方案。普遍的做法是寄希望于市场自身创造新岗位，以及劳动者自发适应。但如前文所述，新岗位的产生往往滞后于旧岗位消失，且对技能要求更高，如果政府不主动作为，大批"技术性失业"人群可能陷入长期失业或低薪境地，进而拖累整体经济发展。

具体政策层面，一些激进但引人关注的主张浮出水面：例如"全民基本收入"(UBI)理念，即由政府向全体公民定期发放一笔基本收入，以应对自动化造成的失业浪潮。UBI支持者认为，在AI高度自动化的未来，社会财富将极大增加，由此可以为所有人提供基本生活保障，从而让人们有余暇追求创新或再培训。然而UBI在财政可行性和社会影响方面仍存在巨大争议，大多数国家尚未敢于实施。再如缩短工作时长、延迟退休年龄等调节劳动力供给的手段，也被列入讨论议程：通过每人工作时间变少，让更多人分享工作机会。但这种做法在经济效益和实际操作层面同样复杂。总之，目前各国政府虽已意识到AI对就业的冲击，但多数停留在研究讨论阶段，真正落地的应对举措寥寥。可以说，人类社会在迎接AI革命时，并没有比当年迎接蒸汽机和电气化时代时准备得更充分。技术在加速奔跑，而制度的反应却姗姗来迟。

国际比较：各国的机器替代之路

机器替代的冲击是全球性的，但各国因经济结构、政策取向不同，呈现出多样的图景和应对。

～

◆ 中国：技术乐观与就业大国的平衡术

中国作为世界上人口最多的国家，同时又是工业机器人和AI应用增长最快的市场之一，在机器替代问题上面临双重考验。一方面，中国政府和企业对新技术持高度乐观和拥抱态度——从制造业工厂的机械臂到城市里的无人配送车，再到前文提到的Robotaxi，中国正在大规模地用机器提升效率。官方提出的"中国制造2025"战略就明确鼓励工业自动化和智能化转型，全国工业机器人保有量连续多年位居全球第一。许多沿海工厂，由于人工成本上升和用工短缺，纷纷引入自动生产线。例如富士康早些年就启动了"百万机器人"计划，在其电子组装厂部署机械手臂替代简单装配工人。深圳、东莞的电子厂里，黑灯车间（即关灯也能生产，因为完全自动化）的例子越来越常见。

另一方面，中国也是一个拥有庞大劳动力大军的发展中经济体。机器替代如果过快推进，可能引发严重的就业和社会稳定问题。因此政策层面，中国力图在技术进步与就业稳定之间寻找平衡。一个做法是通过产业升级创造新就业：当低端制造岗位被机器取代时，政府希望通过发展服务业、高技术产业来吸纳转移劳动力。例如大力发展快递、电商、外卖等数字平台经济，为众多低技能劳动者提供了新的职业选择（快递员、外卖骑手等）。这些岗位的兴起某种程度上缓解了工厂减员的冲击。不过，随着无人机配送、无人仓库等技术在物流行业出现，平台经济的从业者们也开始担心自己的未来。前几年媒体曝光的中国外卖骑手困境就提出一个隐忧：如果有一天无人配送车和无人机成熟了，这数百万送餐员将何去何从？对此，中国官方在政策文件中多次强调要发展"劳动密集型服务业"，比如养老、育幼、健康、家政等领域，以提供大量适合中低技能人口的就业机会。机器一时半会儿进不去人情味浓厚的服务行业，这是当前的一个缓冲策略。

中国另一个特点是教育和培训体系的快速响应。针对AI时代的新技能需求，中国各级政府和企业都在推出转岗培训计划。例如一些沿海城市设立专项基金，免费培训工人学习机器维护、编程等技能。大量线上教育平台也提供编程和数据分析课程，号称"让工人变工程师"。虽说短期内效果有限，但这种未雨绸缪的努力显示出应对危机的积极姿态。此外，中国的高等教育每年培养数以百万计的理工科毕业生，为AI行业输送新鲜血液。在全球AI顶会的论文发表榜上，中国学者近年来一直名列前茅。强大的技术人才供给，也许能让中国在创造新岗位上更有优势。比如目前中国正涌现许多AI创业公司和研发岗位，这些工作机会部分抵消了传统行业萎缩带来的就业压力。

值得注意的是，中国社会对机器替代的舆论反应相对平和，并未出现西方那样大规模的恐慌或抗议。一方面可能因为中国人总体上对科技进步持正面态度，文化中崇尚工程和实用主义，倾向于认为新技术终会带来生活改善。另一方面，中国的舆论环境和政治体系也决定了，当局更强调宣传技术红利，例如机器人如何帮助提高生产效率、提升国家竞争力，而尽量弱化失业风险的话题。这并不表示问题不存在，只是大众情绪被管控在一定范围内。因此在中国，"机器替代"的讨论更多停留在专家和政策制定层面，具体举措比如社保改革（适应灵活用工和短期岗位的社保支持）、职业教育改革（增设AI和自动化课程）等正在推进。

◆ 欧洲：谨慎自动化与社会保障

相较中美的激进和务实，欧洲在机器替代问题上显得更为谨慎和人本。首先，欧洲主要经济体的自动化进程总体上慢于中、美，部分原因是欧洲工会力量强大，对大规模裁员和技术替代有更高的抵触。在德国、法国等地，如果企业要引进可能导致裁员的新技术，往往需要与工会反复谈判，提出补偿和安置方案，否则难以推行。德国的制造业虽然自动化水平全球领先，但其模式更倾向于"协同自动化"，即员工与机器人共同工作，而不是简单取代。例如德国大众汽车的工厂里，机器人负责焊接和搬运，工人负责质检和复杂组装，两者各司其职。企业在引进机器人同时，也投入资金对工人进行再培训，让他们胜任新的岗位需求。这种模式的背后，是德国奉行的"共同决策"理念——劳资双方共同就企业重大决策协商，从而减缓技术变革的阵痛。

欧洲各国的社会保障体系也为应对机器替代提供了一定缓冲。失业保险、全民医疗、免费技能培训等完善的福利，使劳动者在失业后还有保障，有机会学习新技能重新就业。例如丹麦实行"弹性保障"模式（Flexicurity），允许企业灵活解雇员工，但政府提供高额失业金和培训，保障失业者生活并帮助转职。这使得丹麦人对技术替代的焦虑较低，因为失去工作不等于失去一切。再如芬兰曾在2017-2018年试点全民基本收入(UBI)方案，向失业者每月发放固定津贴，结果显示领取UBI的人心理压力更小，更积极去创业或接受新工作。虽然该实验规模有限，但体现了欧洲社会在探索新型保障方式的前沿性。

政策方面，欧洲议会近年来甚至讨论过给机器人征税的提案。2017年有议员建议，对每使用一个机器人替代人类工作的企业征收相应税款，以用于工人再就业培训基金。虽然这一想法当时被否决，但其出发点是维护劳动者权益。2022年ILO经济学家梅罗拉再次提出，可以通过"机器人税资助UBI"的组合，为AI时代工人提供安全网。欧盟整体对AI和自动化持监管优先的态度，2021年公布《AI法案（草案）》，要求对高风险AI应用进行严格审核，确保不会侵害就业和权益。同时，欧盟投入巨资推动数字技能提升计划，各成员国教育体系也在更新课程，包括编程、数据素养等内容，期望新一代劳动者有能力驾驭而非被动接受机器的冲击。

当然，欧洲也并非铁板一块。像爱沙尼亚、芬兰这些数字化程度很高的小国，对技术采用就很积极，因为它们本身人口少，自动化反而缓解劳动力短缺问题。而南欧一些国家，如意大利、西班牙，受制于产业结构和资金，自动化推进缓慢，但失业率高企（特别是青年失业）。这些国家担心的是本就不够的就业机会再被机器抢走。总体而言，欧洲在机器替代上选择的是一条渐进、平衡的道路：不走极端乐观，也避免过度悲观，通过强有力的社会政策来消化技术进步的副作用。这种模式能否在更大范围奏效，还有待时间检验。

◆ **印度及其他新兴经济体：机遇与挑战并存**

对于印度、东南亚、拉美等新兴经济体而言，机器替代的问题带有一些独特性。这些地区的人口年轻、劳动力充裕，一直以来靠承接全球产业转移和外包业务来发展经济。如果AI和自动化在全球兴起，那么发达国家把业务外包到人工便宜国家的模式可能改变，新兴经济体赖以发展的人口红利会面临挑战。

以印度为例，其IT服务业和业务流程外包（BPO）长期雇佣了数百万人，为欧美企业提供软件开发、客服支持等服务，是印度经济的支柱之一。然而AI有潜力自动化许多基础编码和客服工作，让这些工作不再需要通过人工外包完成。近来已有迹象：印度IT外包巨头如TCS、Infosys等增长放缓，甚至开始调整人员。据统计，2023-2025年间，印度IT行业已有上万名中高年资员工被裁，原因部分归结于AI带来的"技能错配"：企业需要的是云计算、机器学习人才，但很多老员工不掌握这些新技能。同时，全球大客户因为AI工具的使用，减少了外包需求，迫使这些公司裁减人员。印度媒体将此称为"白领减员"，以前认为体面稳定的IT工程师职位也开始不保。这对印度这样的人口大国是严重警讯：如果科技飞跃跳过了传统外包产业阶段，那上百万新进入劳动力市场的年轻人该往何处去？

应对方面，印度政府和行业在积极推动人才升级。各种私营培训机构涌现，提供从基础编程到数据科学的课程，希望让普通毕业生具备AI时代的就业竞争力。政府也宣布要加强高等教育改革，引入AI、机器人课程到工程学院。像Infosys等公司并没有坐以待毙，它们一边裁员，一边又在校园招聘大批新人，但要求具备AI和云计算技能。可以说印度正经历

IT产业的转型：从过去低成本、劳动密集的服务模式，向更高附加值、自动化程度更高的模式迈进。这过程注定伴随阵痛，但印度也有自身优势——庞大且年轻的人口如果培训得当，完全可能涌现出大批AI工程师、数据标注专家，成为全球AI价值链的重要组成部分。关键在于政策和企业是否能在短时间内完成这场人才再造。乐观的话，印度也许能像过去适应软件浪潮一样，在AI浪潮中找到新定位；悲观的话，若行动不及，印度可能陷入"中等收入陷阱"，无法吸纳庞大的年轻劳力。

其他新兴国家情况各异。比如墨西哥受益于邻近美国，加上制造业基础，可能通过"人机混合"模式留住工厂岗位，即引进部分自动化但仍用廉价人力完成灵活工序。越南、孟加拉等依赖服装纺织的国家，短期内缝纫机器人尚未成熟，大批女工就业暂时安全，但长远看自动化制衣一旦突破，这些国家需要产业升级。非洲不少国家工业化尚未完成，AI替代似乎还很遥远；但AI也许跳过工业化阶段直接用于农业、金融服务等，提高生产率的同时减少岗位需求，这也是隐患。

总体而言，新兴经济体正处于机器替代的机遇与风险交织状态。抓住机遇者，能借助技术实现赶超，比如用AI改善医疗、教育效率，培育新的数字产业；应对不力者，则可能遭遇"未富先失业"的困境。因此，我们可以预见，在未来的国际合作与竞争中，关于技术转让、人才培养、数字鸿沟的议题将越来越重要。正如有人呼吁的，发达国家有责任向发展中国家分享AI红利，包括帮助建设数字基础设施、提供培训资源，让技术普惠而非加剧不平等。人类社会毕竟是一个命运共同体，如果大的经济板块因为技术冲击陷入动荡，其外溢影响将无人能独善其身。

人的抉择：恐惧、抗拒与自我进化

回到人本身，面对机器替代，情感与观念上的冲击甚至不亚于经济层面。历史上的卢德分子用捶头锤砸向机器，是出于愤怒与恐惧；当代的我们虽不至于再砸电脑砸机器人，但内心的焦虑和无力感何尝不是以另一种方式在蔓延。

恐惧，是很多亲身经历技术替代的人共同的第一感受。被裁的程序员会问："AI是不是比我聪明？我是不是已经被时代淘汰？"工厂下岗的工人则忧心："我除了这把子力气，没有别的本事，机器把我的活干了，我还能干啥？"这种对未来不确定的恐惧，会侵蚀一个人对自我价值的认知，甚至引发抑郁和自我怀疑。心理学家指出，工作是许多人身份认同的重要来源。当工作被机器夺走，仿佛自我存在的意义也被否定了。这种"身份危机"在技术革命时期格外突出。19世纪工业革命时，有人写小说把火车妖魔化，称其为"钢铁怪兽"，暗喻技术吞噬人性。如今，我们不会再视电脑为怪兽，但很多科幻作品里都在演绎AI失控、机器人统治人类的恐怖场景。这些流行文化映射的正是大众潜意识里的科技焦虑。

抗拒，是另一种常见反应。当人们感到生存受到威胁，会本能地试图反击。卢德分子砸机器是直接的反击，今天我们看到的是更复杂的抗拒形式。比如各国出现的反自动化劳工运动：出租车司机游行反对Uber无人车，工会游说政府立法限制超市全自助收银机的数量等等。有些国家通过立法确保一定比例的服务业由真人提供，例如意大利就一度考虑规定机场必须有人类客服柜台，不能全用机器取代。这些抗拒行为有的取得了阶段性成果，有的则效果有限。但可以肯定的是，当替代来的过快太猛时，社会不满情绪将会上升，并可能演化为更广泛的政治压力甚至民粹浪潮。如何疏导这种抗拒，让变革得以平稳推进，是政策制定者必须直面的难题。

除了外在的抵制，还有一种抗拒发生在文化与伦理层面。那就是人们对"人是什么"的认知，需要重新定义。过去几百年，我们习惯了把很多能力视为人类独有，比如创造力、直觉、情感交流。但当AI作曲胜过一般音乐人、美术AI绘画以假乱真，甚至聊天AI能侃侃而谈时，我们开始困惑：如果机器也能创作、会聊天，那人类特有的价值在哪里？这就上升到了哲学层面的焦虑。尤瓦尔·赫拉利在《未来简史》中提出一个发人深省的概念："无用阶级"（the useless class）。他预测到2050年，可能会出现这样一个阶层，他们既失业又无就业可能，在经济生产中被彻底边缘化。更严重的是，由于富裕社会可以用技术养活他们（比如发放基本收入），他们甚至连通过劳动重新找回自身价值的机会都没有。如何让这样的"无用阶级"找到生活的意义，避免陷入虚无和疯狂，将是21世纪社会的大挑战。赫拉利悲观地预想，也许未来宗教或虚拟现实游戏会成为这群人的寄托——就像古代宗教给闲散的贵族和平民提供了意义感一样。虽然这只是观点，但它点出了关键：工作的意义远超赚钱糊口，它关乎人存在的意义。当机器夺走大量工作，人类就必须给"无事可做"的生活找到新的意义，否则社会心理问题将层出不穷。

然而，人类并非只能消极被动地接受命运。历史证明，我们也有能力从危机中寻找自我进化的契机。每次技术革命，除了被淘汰者，也孕育了时代的弄潮儿。有人乘着技术东风，实现了个人和社会的跃迁。比如工业革命把许多农民变成了工厂技术工人，信息革命催生了一代程序员和创业者。同样，在AI革命中，也有许多人选择积极拥抱变化，通过学习和创新，让自己立于不败之地。

当下各行各业都涌现出一些"超级个体"式的人物：他们深度使用AI赋能，自我效率成倍提升，往往一个人做出了过去一个团队才能完成的业绩。例如，有独立开发者用AI编程助手在几周内写出了复杂的软件原型；有平面设计师借助AI制图工具一人承接了数家公司的设计工作却游刃有余。这些故事在网络上广为流传，激励着更多人挖掘"人与AI协作"的潜力。或许，我们需要像他们一样，将AI视为工具和伙伴，而非洪水猛兽。正如微软高管所说："AI不会取代你，会取代那些不用AI的人。"这个略带戏谑的说法，道出了在这场竞赛中的主动权握在谁手中。

对于每个普通个体而言，焦虑和抗拒虽可理解，但更重要的是采取行动。我们无法左右技术发展的潮流，但可以左右的是自己的态度和能力。学习新知识、培养不可替代的技能、保持开放的心态——这些都是自我进化的关键。很多岗位也许消失了，但新的机会也在不断涌现。比如人工智能需要大量高质量的数据，懂行业又懂AI的人可以成为AI训练师，帮助AI更好地为行业服务；再如人工智能虽然聪明，却缺乏人情味，那么有温度的服务反而变得更珍贵，如手工艺、艺术、心理咨询等领域可能迎来复兴。人类完全可以重新定义工作的意义，将之从简单谋生提升到创造价值和体验成长的层面。工作也许不再意味着朝九晚五的上班，而是不断学习、创造、协作的新旅程。

应对之道：政策、教育与制度的创新

面对机器替代的大潮，从政府到企业、从教育机构到社会组织，都在探索各种应对措施。概括而言，主要在以下几个方向发力：

1. 政策护栏与社会保障：历史经验表明，及时的政策干预和保障措施可以大大缓冲技术替代带来的冲击。19世纪末到20世纪中叶，欧美各国逐步建立起失业保险、最低工资、工伤赔偿等制度，就是为应对早期工业化阵痛而采取的补救措施。如今进入AI时代，许多国家开始思考更新社保和劳动法规，以适应新的就业形态。比如扩大失业救济覆盖面，将自由职业者、"零工经济"从业者纳入其中，因为在平台经济和自动化冲击下，大量劳动者不再是传统的全职雇员。当这些人失去工作时，如果社保无法惠及，他们将无任何缓冲就陷入困境，这会加剧社会阵痛。同样，调整劳动法以覆盖像送餐员、网约车司机等非典型劳动关系，让企业对这类人员的裁撤也承担相应责任，也在一些国家被提上议程。

此外是再就业服务和转型支持。政府可以设立专项基金，资助失业者参加职业培训班、获取新的技能认证等。例如新加坡实行的"技能未来"（SkillsFuture）计划，每个公民终身都可获得一笔培训经费，用于学习新技能课程，这种超前部署让其劳动力在技术变革中更具韧性。再比如欧盟计划投入巨资在各成员国建立职业培训中心，与企业合作按市场需求设计课程，帮助失业者快速进入短缺领域就业。就业服务的数字化也是趋势，利用AI匹配求职者和职位，加速再就业进程。总之，政府需要扮演"减震器"的角色，在技术巨变和社会冲击之间筑起安全网，让变革的剧痛降至最低。

2. 教育改革与终身学习：长远来看，教育是应对机器替代的根本之策。传统教育体系培养的人才，其技能可能很快被AI取代，这要求我们重新思考教育目标。未来学校不应只教授具体的知识和技能，更要强调创造力、批判性思维、协作沟通、终身学习能力等机器难以复制的人类特质。例如芬兰等国已经在中小学引入编程与AI科普课程，让孩子了解如何与机器合作。同时，教育要更加注重跨学科能力，让人具备灵活转岗的素质——毕竟未来职业变化频繁，一个人一辈子可能多次转换跑道。大学和职业院校也需与产业趋势紧密结合，更新专业设置。像中国一些高校新增了人工智能学院、机器人学院，就是为了培养本土替代这些进口技术的高端人才，同时也让更多学生具备掌握和驾驭AI的能力。

终身学习将成为新常态。政府和企业都需要鼓励和支持员工不断学习。许多公司已意识到，与其等技术淘汰员工再去招新人，不如"在职重塑"现有人才。一些领军企业建立了内部数字大学，为员工提供在线课程、研讨交流，让他们跟上技术步伐。政府则可以提供税收优惠，鼓励企业投资员工培训。社会上各类慕课（MOOC）平台、在线教育创业公司也蓬勃发展，为大众提供随时升级技能的机会。当然，学习需要动力和意识。培养全民的学习意愿也是关键。这涉及社会文化的引导，让人们认识到工作不是吃青春饭，学习没有毕业时——只有不断进化，才能与机器共舞。

3. 劳动力市场的灵活与保护并举：机器替代会带来劳动力市场的结构性变化，因此劳动制度也需相应调整。一方面，要提高市场的灵活性，让劳动力和岗位实现更高效的匹配；另一方面，要有保护机制避免灵活用工造成对劳动者的不公。比如不少国家在试行"共享员工"模式：当一家企业因为自动化减少了人手需求，可以将员工输送到需要人的企业去（临时借调或派遣），实现劳动力的余缺调剂。在疫情期间一些国家已有类似实践，比如超市用工荒就临时雇佣了航空业闲置人员。未来这样的跨行业劳动力流动可能更频繁，政府可以搭建信息平台促成这种对接。

另一方面，对于零工经济大潮下兴起的多重就业形态，要在法律上给予承认和保障。比如确立"平台用工"的法律地位，明确平台企业对其上工作的劳动者应承担哪些责任，如最低收入保障、工作时间限制、意外保险等。这有助于避免企业为了追求效率无限制压榨弹性劳动者，同时也给这些新兴职业注入稳定预期，让更多人敢于从事。简而言之，劳动力市场需要在灵活与稳定之间找到新的平衡点，既激发活力又不让劳动者权益碎片化流失。

4. 分配制度创新：技术替代往往会导致财富和收入分配的不平衡。机器提高了生产率，但收益更多流向资本和技术所有者，而普通劳动者收入占比下降，这是许多研究观察到的趋势。如果任其发展，贫富差距将进一步拉大，社会不安定因素增加。因此，有经济学家建议应探索新的分配政策，比如前面提到的机器人税，或者全民基本收入。尽管这些政策在实际推行上仍有很大争议和难度，但讨论本身已经反映了问题的紧迫性。

另一个方向是员工持股与利益共享机制。既然机器替代提升了公司利润，那么员工有理由分享这部分增长。企业可以通过给予股票、分红等方式，让员工与企业转型收益挂钩，减少因岗位调整造成的抵触。例如有的公司在裁员时，给留下的员工加发特别奖金或者股票，以奖励他们承担了更多工作；又或者像Netflix那样，员工薪酬中相当部分是股票，使得他们能分享公司业绩提升的红利。这些做法让劳动者在心理上感受到自己不是被剥夺者，而是技术进步的合伙人，从而缓解焦虑和对立情绪。

最后，从更长远看，人类社会或许需要重新审视"工作伦理"本身。当就业不再是获得生活资料的唯一渠道，我们是否可以构想一种不以就业多少论英雄的社会？比如缩短工作周、推行4天工作制，让更多人分享工作机会，同时每个人多出一天用于学习、休闲或家庭照料等。2022年英国有70多家公司试验了4天工作制，结果显示生产率不降反升，员工幸福感明显提高。这似乎印证了一个道理：当技术赋予我们更高效率，我们完全可以调整工作与生活的关系，而非一味焦虑地盲干。或许未来很多基础工作由机器完成后，人类的工作重点将转向更富创意和社会价值的领域，同时每个人也有更多自由支配的时间。那将是一个与我们祖先完全不同的工作图景，需要新的制度来保障和运行。

进化的中转站

工业革命的蒸汽轰鸣、电气时代的灯火辉煌、信息时代的光纤闪耀……每一次技术革命都在塑造新的世界，也迫使我们这个古老的物种不断适应、成长。如今，人工智能和自动化的巨浪再次袭来，我们自然会有惶恐、有彷徨。然而，回顾历史长河，人类从未停止与工具共舞——工具一次次改变了我们，我们也一次次驾驭了工具。在这个过程中，我们流过血，掉过泪，但最终总能站起来，变得更加强大和智慧。

机器替代，并不意味着人的终结。相反，它可能是人类迈向更高境界的一座桥梁。想象一下未来的图景：繁重琐碎的体力活由机器人承担，程序化的数据处理由AI完成，人类则可以将精力投入更具创造性、关怀性、战略性的事业。我们或许会迎来一个"人机共生"的新时代——机器成为我们的同事、助手，甚至是朋友，帮助我们探索宇宙、攻克疾病、创造艺术。而我们人类，也将因机器分担了繁务而有机会重新发掘自身独特的潜能。诗人泰戈尔有句名言："不是槌的打击，乃是水的载歌载舞，使鹅卵石臻于完美。"技术的冲击或许像锤子砸向我们，但人类的智慧和韧性更如流水，终将把这粗粝的时代打磨出圆润的成果。

重要的是，我们要以人本主义的乐观去面对挑战。正如哈拉里所提醒的，我们必须不断自问："在AI时代，我们想要成为什么样的人？"机器可以让我们变得懒惰、冷漠、失去方向；也可以促使我们变得勤奋、博爱、勇于创新。这取决于我们今天做出怎样的选择。主动迎接变化、塑造变化，总比被动等待未来审判要来得好。

当下，本章开头的那位Uber司机或程序员，可能正站在人生的十字路口。但可以相信，如果他们愿意拥抱新技能、新思维，未来依然属于他们。而我们社会也应倾尽所能，为每一个在变革中挣扎的人撑一把伞、照一束光。毕竟，人类文明之所以历经磨难仍薪火相传，靠的正是这种互助和进取的精神。

机器替代不是终点，只是进化的中间站。从这里出发，我们会走向一个新的世界。在那个世界里，或许"工作"的定义已与昔日大不相同，但"人"的价值与尊严将得到前所未有的彰显。让我们带着历史的智慧和未来的信心，昂首踏上这段征程。人类与机器的故事，精彩还在后头。我们终将证明：创造了工具的我们，永远比工具本身更富创造力。

5

第五章 超级个体：全球流动与元宇宙新职业

"技术和全球贸易淡化了国民之间的联系，加强了地理上的陌生人之间的纽带。仅仅来自一个地方并连接到一个地方变得越来越罕见，人们越来越感到与签发出生证明和护照的民族国家脱节。"

— 劳伦·拉扎维

在 这个高度互联的时代，一个人可以以前所未有的方式突破地域和行业限制，成为真正的"超级个体"。全球远程协作和元宇宙新职业的兴起，正在颠覆传统的职业形态。本章将深入探讨前沿技术如何赋能个人，从而实现全球流动、创造全新的职业机会。本章内容通俗易懂又引人深思，通过丰富的实例与数据，展示虚拟现实、人工智能、数字孪生、区块链等技术如何为个人赋能，并分析各国政策如何适应这一趋势。

VR/AR/MR：重塑职业形态与协作方式

虚拟现实（VR）、增强现实（AR）和混合现实（MR）正在迅速改变我们的工作方式和职业形态。相比传统的视频会议，沉浸式的VR/AR协作更具"临场感"，让相隔万里的同事也仿佛置身一室。对于需要动手协作的工作，如产品设计、工程评审，团队成员可以戴上VR头显共同站在同一个虚拟白板前绘制方案，或通过AR全息投影"围绕"同一份3D模型讨论细节。这种沉浸感打破了空间限制，大幅提升远程协作的效率和质量。

技术趋势表明，XR（扩展现实，即VR/AR/MR）正逐步走向主流并广泛用于职场。据统计，全球已有超过171百万人使用VR技术，VR市场规模预计在2025年将达676.6亿美元。企业层面更是积极拥抱沉浸式技术——91%的企业表示已经在使用或计划采用VR/AR技术。他们看重的不仅是新奇体验，更是效率和生产力的提升。普华永道的研究预测，到2030年VR和AR技术将为全球经济带来1.5万亿美元的增量贡献，并影响多达2300万个工作岗位。也就是说，未来十年各行各业都将因为沉浸式技术变革而诞生新岗位、新需求。

具体来说，VR/AR正在改善培训与协作方式。例如在医疗领域，VR已用于远程手术指导，让不同地区的专家戴上头显"同处一室"讨论手术方案。在制造和维修行业，佩戴AR眼镜的一线技工能够实时看到远程专家标注在视野中的指导步骤，提高了复杂任务的协作效率。在日常办公方面，越来越多公司开始尝试VR会议和虚拟协作空间，员工可以以虚拟化身出现在同一个会议室中交流、贴便利贴头脑风暴，甚至一起"远程白板"绘制方案。这种方式极大提升了远程团队的凝聚力和沟通质量。

案例：元宇宙建筑师－沉浸式协作催生出全新职业，例如"元宇宙建筑师"。一些建筑设计师如今专门为虚拟世界设计建筑和空间。他们利用VR构建三维环境，为企业打造虚拟办公楼、展览馆甚至主题乐园。随着虚拟地产业兴起，2021年四大元宇宙平台上的虚拟地产销售额已超过5亿美元。知名品牌和开发者争相购置虚拟土地，请设计师建造炫目的虚拟总部和商店。一位元宇宙建筑师可以在家中远程工作，却为全球各地的客户构筑数字空间。这正是VR/AR技术带来的新职业形态：地理不再是障碍，才华可以在虚拟世界中尽情施展。

总之，VR、AR、MR为超级个体提供了前所未有的工具，帮助个人跨越空间限制开展协作和创新。从远程会议到元宇宙空间设计，沉浸式技术让个人如虎添翼。这场技术革命才刚刚开始，未来我们将看到更多行业因XR融合而诞生的新角色、新机会。

AI伴侣与数字陪伴：远程职业者的新伙伴

当工作突破了地域界限，全球流动的自由职业者和远程工作者们往往独自一人在陌生国度奋斗。这种自由背后常伴随着孤独和缺乏支持的挑战。然而，人工智能正在成为他们贴心的新伙伴。AI伴侣（AI Companion）是一类人工智能驱动的数字伙伴，可以充当聊天对象、助理甚至"虚拟同事"，为远程职业者提供情感支持和工作辅助。

现如今，与AI聊天并不像过去那样小众——全球已有数以亿计的人使用AI伴侣进行情感交流。一些最受欢迎的AI数字伙伴拥有惊人的用户规模：例如Snapchat的"My AI"聊天机器人拥有超过1.5亿用户，AI聊天应用Replika的用户量也在2500万量级。这些AI伴侣擅长主动关心用户、提供共情回应，甚至会根据对话逐渐"了解"用户的喜好，让人感觉仿佛有一位懂自己的朋友随时在线。

对于常年在路上的数字游牧者（digital nomads）来说，AI伴侣既是心理慰藉，也是工作帮手。一方面，AI伙伴24小时待命，无论人在哪个时区，都可以倾听烦恼、分享见闻。据哈佛商学院的研究，AI聊天伙伴确实有助于缓解孤独感，实验显示用户与AI陪伴互动几天后，自我报告的孤独感显著降低。当远程职业者思乡或感到孤单时，AI可以耐心地聊天鼓励，起到数字"心灵鸡汤"的作用。

另一方面，AI伴侣还能在工作上提供实质帮助，相当于个人的"AI助理"。它们可以帮忙翻译多国语言、自动整理会议记录、提醒跨时区的日程安排，甚至处理简单的客户咨询。这使得自由职业者无需额外雇佣助理，也能"一人服务全球"。例如，有远程创业者分享，自己在全球旅行途中借助AI日程助手智能规划会议时间、用AI翻译工具与不同语种的客户沟通无障碍。AI让独自一人的他如同拥有一个精通多语、从不疲倦的团队。

值得注意的是，AI数字陪伴产业本身正在蓬勃发展，反映出巨大的需求与趋势。2025年中，全球各类AI陪伴应用程序的下载量已累计超过2.2亿次，仅2025年上半年该类App的下载量就同比增长了88%。消费者在这类应用上的支出也快速攀升，2025年上半年全球用户已经花费约8200万美元用于AI伴侣服务，预计全年收入将突破1.2亿美元。市场的火爆说明，越来越多远程工作者和普通用户都愿意为"数字陪伴"付费，以获取那份随叫随到的支持与陪伴。

> 案例：虚拟同事Neuro-sama – AI伴侣的角色不局限于聊天朋友，还可以是工作中的"虚拟同事"。Neuro-sama是一位由AI驱动的虚拟主播，其本质是接入大型语言模型的智能体，可以一边玩游戏一边与观众对话。有远程开发者尝试让Neuro-sama充当自己的"编程搭档"和"同事"：在写代码时与它讨论思路，调试时让它协助查找错误。Neuro-sama 24小时在线且回应迅速，还能保持愉快的语气，这让开发者感觉仿佛身旁多了个贴心又博学的同事。据统计，Neuro-sama在社交平台已拥有超过84.8万粉丝。作为AI虚拟人，她证明了AI完全可以胜任知识型同事的角色。对于孤身远程办公的人来说，有这样一位AI"同事"随时待命，不仅缓解了独处的寂寞，也提高了工作效率。

当然，依赖AI陪伴也有值得关注的潜在问题，例如过度沉迷或是对人际交往能力的影响。但总体而言，AI伴侣为全球远程职业者带来了实实在在的益处：孤独时有人倾听，对话中碰撞出新想法，工作中提供辅助支持。数字陪伴正在成为远程工作生态的重要一环，在未来，它或将发展为个人标配的"数字伙伴"，帮助超级个体更健康、高效地走在全球化职场道路上。

数字孪生：个体价值的多线程延展

在万物智能互联的时代，"数字孪生"（Digital Twin）这一概念正从工业领域拓展到个人层面。对于个人而言，数字孪生可以理解为以AI驱动的"人格复制品"或"智能副本"。想象一下，如果有一个数字版本的"你"，拥有你的专业知识、说话风格，能够模拟你的决策判断，并代表你去执行任务——这将大大扩展你的能力边界。数字孪生技术正使这种科幻般的场景逐步成为现实，它为超级个体提供了多线程延展自身价值的可能。

顶尖的研发机构已经在描绘"个人数字孪生"的蓝图。日本电信巨头NTT提出的"人类数字孪生计算"概念，就设想将一个人的内在品质（技能、性格、思想等）与外在特征一并数字化封装，形成该人的智能分身。这个AI分身能够自主代表个人行动——比如替你出席一场视频会议，与人讨论问题，并作出初步决策，而这些行为风格依然与你本人的专业水准和个性相符。换言之，数字孪生不是简单的例行自动化，而是真正嵌入了你的知识和经验，能够在你无法分身时替你处理事务，让你的影响力"一人分饰两角"甚至多角。

实现这幕图景的技术基础源于近年飞速进步的AI模型。大型语言模型（LLM）和生成式AI可以学习海量专业知识并表现出类人水准的任务能力。例如OpenAI的GPT-4模型在律师资格考试中成绩达到人类前10%。再结合语音克隆和虚拟化身技术，我们已能让AI在声音和形象上模仿真人。这些突破使塑造特定个人的数字孪生成为可能：它可以拥有你的知识图谱、说话语气，甚至部分模仿你的性格风格。当这样的数字分身上线后，你就仿佛拥有了一位*"克隆版自己"*。

一些初创公司已经开始提供个人数字孪生服务。例如创业公司Personal AI正在为用户训练专属的语言模型，逐步学习用户的表达风格和知识背景，形成"AI分身"，用户可以让它代为回复消息或撰写初稿。又如Blockbrain等企业解决方案，通过访谈领域专家并让AI学习其知识，打造出可供同事随时查询的"知识孪生"。这些实践表明，数字孪生正从概念走向应用，为个人和组织带来新价值：专家的隐性经验被捕捉下来，转化为7×24小时随叫随到的数字顾问，使得个人知识影响力得到倍增。

数字孪生对于自由职业者和个体创业者来说尤具革命性意义。过去，一个人的时间和精力是有限的，即便技能再强，也无法同时出现在两个地方。而有了AI孪生体，超级个体可以实现"多线程工作"：本尊专注高创意、高判断力的任务，数字分身则并行处理标准化事务。例如，AI孪生可以在后台回答客户常见咨询、整理分析数据，或者根据你的风格起草方案初稿，让你最终审定。研究表明，目前AI技术已经能够显著加速许多工作任务——有报告估计利用现有AI工具，可将约50%的通用工作任务提速且质量无损。也就是说，在AI加持下，一个人可以完成相当于过去两个人的工作量，大幅提升生产率。这种"一人多线程"的能力正是超级个体在数字时代的重要竞争力。

> 案例：数字营销顾问的AI双生 – 一位数字营销顾问Lydia成立了自己的咨询公司。起初她独自一人需要应对多个客户，非常忙碌。后来，她训练了一个属于自己的AI数字孪生助手：将自己多年来撰写的营销方案、行业知识和沟通风格输入AI模型。如今，当她在为甲方制定创意策略时，她的AI孪生可以同时在线回复乙方客户的一些常见问题。这个AI助手甚至能根据历史方案自动给出营销建议初稿，让Lydia审核后发给客户。结果，Lydia的服务效率成倍提高，客户满意度也不降反升，因为无论何时都有"她"及时响应需求。NTT的愿景在她身上部分实现了——她的数字孪生"复制"了她的专业能力和风格，让她仿佛获得了第二人生。

可以预见，随着技术成熟，数字孪生将从辅助走向更高自主性。超级个体或许可以派出多个"自己"同时拓展业务版图。正如有学者所言，这将"重塑个人与工作的关系"：个人不再以肉身单线程工作，而是借助AI在不同场景并行创造价值。当然，其中涉及的伦理和信任问题亦需审慎对待，例如如何确保数字孪生可靠地代表本人意志行事等。但无论如何，数字孪生为个人价值延展提供了一个激动人心的技术路径——未来，每个人或都可以有一个属于自己的AI双生伙伴，与本尊协同作战，成就更强大的自己。

区块链与Web3：赋能全球自由职业与身份主权

当个人在全球范围内自由流动并开展业务时，身份认证、信用背书、跨境支付等成为必须解决的问题。这方面，区块链和Web3技术正在提供全新的解决方案，为全球自由职业者赋权，保障他们的身份主权和经济利益。Web3所倡导的去中心化、自主控制数据资产的理念，正好契合了数字游牧一族的需求：他们希望身份不依赖单一国家或平台，声誉和信用能被全球承认，收入结算能自由方便地进行。

自主管理的数字身份（DID）是Web3时代的重要工具。传统上，我们在不同平台和国家往往需要不同的身份账号，职业信用也碎片化地散落各处。而通过区块链，每个人可以拥有一个加密的数字身份标识，自己掌握完整的身份数据，并可选择性地向用人单位或平台出示。这被称为身份主权（Self-Sovereign Identity），意味着身份由你本人而非某个中心机构主导。在Web3设想下，未来个人将拥有可跨平台通用的"声誉钱包"。你的学历证明、项目经验、客户好评等都记录为不可篡改的数字凭证，由你保存于区块链上。当你去应聘远程工作或与新客户合作时，只需出示这些链上信用，即可证明自己的能力与诚信。这使得自由职业者不再从零开始建立信任，也不怕因为更换国家或平台而丢失过往口碑 —— 声誉成为可携带的财富。

一些项目已经在尝试这一方向。例如，Animoca Brands的创始人指出"声誉正在变成一种货币"。在去中心化社群Steemit上，用户的内容受欢迎程度会转化为链上声誉积分，积分越高不仅社区影响力越大，还直接带来更多代币收入。又如微软的ION、开源项目uPort等去中心化身份协议，允许用户在不同服务间携带经过验证的资历证明。想象一下，一个自由开发者的数字孪生中包含了TA在GitHub上的代码贡献记录（经过区块链签名验证），那么当TA在远程工作平台上寻找项目时，无需繁琐考核，对方通过链上记录就能认可TA的技术信誉。这极大降低了全球自由职业市场的信任成本。

除了身份和声誉，支付与合同也是区块链大显身手的领域。许多数字游牧者受到不同国家货币和银行系统的限制，跨境收款可能耗时且手续费高昂。如今，加密货币和稳定币为他们提供了替代路径：通过链上支付，可以瞬时将资金从客户转到个人钱包，费用低廉且不受地域限制。难怪越来越多自由职业者开始接受加密货币支付。调查显示，到2024年已有60%的自由职业者至少有一次收到了加密货币形式的酬劳。另有研究称93%的全球自由工作者希望将加密和稳定币纳入收入来源。显然，加密支付正成为全球自由职业经济的润滑剂。一些平台（如Bitwage）专门提供加密代发薪服务，让雇主可以轻松用比特币或稳定币支付全球团队。同时，智能合约技术也用于签订远程合同，工作交付后款项自动从合约拨付，实现"信任最小化"的合作。

> 案例：跨境自由设计师的Web3实践 – 来自印度的UI设计师Aria在Upwork
> 等平台承接全球项目。过去她经常为支付和认证问题头疼：平台手续费
> 高，客户也担心初次合作的信用问题。后来Aria注册了一个去中心化身
> 份，在链上存储了自己的作品集哈希和过往客户评价，并设置了ENS域
> 名作为名片。她还与新客户签订智能合约：设计原稿交付并经客户确认
> 后，合约会自动将预付的酬劳（USDC稳定币）打给她的钱包。这套流
> 程让双方都很安心。客户可以验证她链上的好评记录，相信她有良好履
> 约史；Aria则规避了平台中介费和提现等待。如今Aria甚至组建了一个去
> 中心化协作团队：几个各国设计师联合提供服务，用代币分配收益。这
> 种模式下，每个人的身份和贡献都记录在链，利益分配公开透明。Aria
> 说："区块链给了我前所未有的自由和安全感，让我真正成为自己职业的
> 主人"。

通过区块链和Web3，自由职业者获得了类似企业那样的基础设施：可信
的身份认证系统、全球化支付网络和自动执行合约，且一切由自己掌
控。这赋予了超级个体更大的自主权——无论身处何地，都能以统一身
份参与全球协作，在不依赖中心平台的情况下建立信用并获取收益。当
然，Web3技术尚在发展完善中，大规模应用还需克服易用性和法律监管
等挑战。但可以预见，随着政策和技术的成熟，全球自由职业者将越来
越多地拥抱这些工具，真正实现"以自我为中心节点的职业生涯"：身份
主权在握，信用声誉由己，价值交换自由便捷。

数字游牧签证与政策创新：全球拥抱远程工作者

技术赋能个人全球化的同时，各国政府也在迅速跟进，出台友好的政策
吸引和规范数字游牧者群体。数字游牧签证（Digital Nomad Visa）正是
这种政策创新的代表。过去，旅行签证通常禁止持有者在当地工作，但
数字游牧签证打破了这一常规，允许远程工作者在签证国合法停留并从
事境外工作。自疫情以来，这类签证如雨后春笋般出现，全球已有数十
国竞相推出。据统计，截至2025年全球提供数字游牧签证的国家已超过
70个，且这个数字还在不断增加。欧洲、拉美、亚洲乃至非洲的许多国
家都敞开怀抱欢迎远程工作者，因为他们看重这些"新移民"带来的消

费、人才和国际连结。

各国数字游牧签证在停留时长、收入要求等方面有所差异，但普遍包含一些激励措施，尤其在税收待遇上对远程工作者相当优厚。许多国家明确规定，持数字游牧签证者无需为其境外收入在当地纳税。例如，迪拜提供一年期远程工作签证，月收入要求约$3,500，但同时享受迪拜本地居民一样的0%所得税政策。这意味着一位美国程序员在迪拜远程为硅谷公司工作，其工资既可免缴当地税，又可利用美国的海外收入减免政策，实现近乎零税负。再如萨尔瓦多，其数字游牧签证规定对签证持有者的外国收入完全不征税，这对希望开源节流的远程工作者极具吸引力。希腊的数字游牧签证甚至允许持证人在境内停留超过183天也不算本地税务居民（前提是未在希腊从事本地经济活动），换言之只要不领希腊本地工资，长期居住亦免缴所得税。菲律宾近期宣布的数字游牧签证也强调持有人不被视为当地税务居民，让远程工作者可安心享受长达两年的热带工作假期而无税收之忧。

这些政策上的"绿色通道"，无疑极大减轻了数字游牧者的后顾之忧，使"旅居+工作"的生活方式更加可持续。一些国家更是在签证基础上提供额外福利，比如葡萄牙的D7/D8签证除了允许远程工作，还为申请人提供医疗、公立教育等接近本地居民的待遇。爱沙尼亚早在2014年就推出电子居民（e-Residency）计划，让全球创业者可以远程注册爱沙尼亚公司并进行欧盟内贸易，从制度上支持跨国个体创业。

各国的社保和税收法规也在逐步适应远程工作浪潮。一方面，不少国家允许数字游牧签证持有者免缴当地社保，只需在原籍国或以自由身份自行安排保险即可；另一方面，一些国家开始探索与他国签订合作协议，解决跨境远程雇佣的社保衔接问题。此外，全球性的商业服务也在兴起，如专门面向数字游牧者的国际医疗保险、全球税务咨询等，为这一人群提供保障和优化方案。一个显著的趋势是，越来越多的美国数字游牧者在满足居住时间条件下利用"外国收入豁免"（FEIE）避税，2025年美国海外收入免税额已提升至约13万美元。正如专业机构分析的那样，大多数合规申报的美国数字游牧者最终联邦所得税可以做到0美元。各国政府对于这些合法的税收优化策略也保持默许甚至支持态度——因为相比税收，他们更看重吸引这些高技能、高收入的个人在当地停留消费、带动产业。

案例：跨国网红在葡萄牙－来自中国的独立内容创作者小美正是受益者之一。她常年在海外旅行拍摄vlog，粉丝遍布全球。2023年，小美选择移居葡萄牙里斯本——这座城市近年来被评为全球数字游牧者首选城市。葡萄牙推出的数字游牧签证为她提供了极大便利：她只需证明月收入超过€3040（约合¥2.3万）并购买保险，就拿到了签证，可以合法居住工作。一年内，小美在里斯本安家落户，同时远程为国内品牌制作内容，收入汇入香港账户免受葡萄牙征税（葡国对签证持有人境外所得免税）。据报道，葡萄牙自2022年开放数字游牧签证首年就发出了2600多个签证，成功吸引了大批像小美一样的创意工作者。如今，小美白天在充满艺术氛围的里斯本街头取景创作，傍晚和本地的"游牧社区"朋友们交流经验。当地政府和社区对她非常友善，还提供创业指导和语言课程。这种政策和环境的支持，让小美的全球网红事业如虎添翼——她不仅降低了生活和税务成本，还在异国找到了归属感和国际化视野。

可以看到，各国政府正以前所未有的开放态度拥抱超级个体的全球流动趋势。从签证便利、税务优惠到社区服务，都在为远程工作者创造更友好的生态环境。这样的良性竞争，将进一步推动人才和创新在全球范围内流动。未来，我们可能看到"数字游牧者友好型国家"成为新标签，国家间为吸引超级个体而不断优化政策。而超级个体们也将在各国的热情邀约中拥有更多选择，自由地选择最适合自己发展的基地，实现个人价值的全球最大化。

新职业故事：超级个体的全球实践

技术与政策的双重推动下，一批全新的职业范例正在涌现，展示出超级个体在全球舞台大显身手的生动图景。本节通过几个具体案例，揭示这些元宇宙新职业如何诞生，并如何颠覆我们对传统工作的想象。

～

◆ 跨国网红：足不出户链接全球

艾莉是一名跨国网红内容创作者。她出生在亚太地区，如今定居于葡萄牙的里斯本，通过社交媒体为全球品牌和粉丝提供内容服务。里斯本之所以吸引她，不仅因为迷人的生活方式，更因为它是全球排名首位的数字游牧城市，聚集了庞大的自由职业者社区和创业资源。每天清晨，艾莉坐在阳台上一边俯瞰特茹河的阳光，一边用笔记本电脑剪辑昨夜拍摄的vlog。她的粉丝来自世界各地：美国的科技爱好者、巴西的旅行粉丝、日本的时尚达人……为了服务多元的受众，艾莉充分运用了AI工具：利用实时翻译字幕，让视频自动生成中英西葡多种语言字幕；借助AI配音，将自己的声音克隆成不同语言，以推出多语言版本的内容。事实上，像艾莉这样的创作者如今完全可以"一人多语种"运营频道。例如全球最大YouTuber之一的MrBeast甚至成立了专门的AI配音团队，把主频道视频翻译成西班牙语、印地语、葡萄牙语、阿拉伯语等版本发布，大幅扩展海外影响力。AI降低了内容跨语言传播的门槛，使艾莉这样的个人能够触达过去需要大型传媒公司才能覆盖的全球市场。

在商业模式上，艾莉通过区块链获得更多自主权。她将自己的粉丝群组织成一个去中心化自治社区（DAO），发行了粉丝代币。持有代币的核心粉丝可以投票决定她下一个视频主题，她也会将频道收益的一部分通过智能合约按代币持有比例分配给粉丝社群。这样一来，粉丝从旁观者变成了共创者、利益共同体。艾莉的案例展现了未来独立创作者的新范式：技术加持让个人如同一家微型跨国媒体公司，内容生产和运营可多线程、多语言地展开，又通过Web3实现粉丝经济的升级。这种跨国网红模式打破了传统意义上的"网红属地"概念——艾莉虽然身在里斯本，但舞台在全球，真正实现了超级个体的价值外延。

～

◆ 元宇宙职业人：虚拟时装设计师与建筑师

琳达是一位虚拟时装设计师。与传统时装设计不同，她设计的是供虚拟世界里的头像和角色穿的数字服装。从NFT数字潮鞋到Roblox游戏里的限量皮肤，琳达的作品无处不在。最初，她只是热爱3D建模的艺术生，后来在元宇宙浪潮中敏锐地发现了数字时尚的商机。如今她创办的数字时装工作室Blueberry每年营收高达百万美元规模——这个数字令人惊叹，要知道这完全来自于出售虚拟服装！Blueberry在多个平台上为用户提供时尚装扮，单是Roblox等游戏平台的销量就让公司年收入预计达到180万美元。与此同时，全球虚拟服装市场蓬勃发展：各大品牌争相试水

NFT时尚，早在2019年一家名为The Fabricant的数字时装屋设计的虚拟连衣裙就曾以9600美元高价拍出。2021年，Roblox平台上的创作者社区整体收入高达5.39亿美元，其中不少来自虚拟服装销售；有顶尖设计师一年就卖出价值千万美元的虚拟时尚单品，从中获得超过100万美元分成。这些数字证明，虚拟时装设计师已成为炙手可热的新职业，优秀人才甚至可"日进斗金"，跻身高收入人群。

与琳达类似，虚拟建筑师的职业也迅速崛起。马克是一位受过传统建筑学训练的设计师，但他现在的客户不再局限于现实世界的地产商，而是各类元宇宙平台的开发者和品牌主。前不久，马克受一家知名奢侈品牌委托，在Decentraland元宇宙中设计一座旗舰虚拟店铺。他充分发挥创造力，不受物理重力限制，打造出一栋漂浮着发光幕帘的梦幻建筑，成为虚拟时尚周的热门打卡点。随着企业纷纷进军元宇宙，像马克这样的虚拟建筑师需求大增——有人戏称这是"21世纪的新兴建筑门类"。据统计，2021年虚拟地产销售额已超5亿美元，2022年初仅一个月就又卖出8500万美元。巨大的交易量需要大量专业人士来规划虚拟地块、设计虚拟楼宇。从企业虚拟总部、游戏场景，到NFT艺术展馆，虚拟建筑师的用武之地日益广阔。一些大型建筑事务所甚至开设了"元宇宙设计"部门，专职承接虚拟空间项目。可以预见，未来建筑学学生毕业后可能既能选择盖实体楼，也能选择造虚拟城。

虚拟时装设计师和虚拟建筑师这两个新职业，诠释了"元宇宙职业人"的含义：他们以虚拟世界为舞台，创造数字资产并实现商业价值。这些职业往往没有地理限制——琳达的团队成员分布在五个国家线上协同设计，马克的作品同时服务于全球各地的线上用户。技术成就了他们作为超级个体在元宇宙中的精彩人生。他们的成功故事也在吸引更多传统领域人才投身其中：越来越多时尚设计学院和建筑学院开设了数字方向课程，培养下一代元宇宙设计师。当元宇宙生态逐渐完善，或许会有成千上万的琳达和马克涌现，构建出丰富多彩的虚拟社会图景。

～

◆ **虚拟主播与多语言AI协作团队**

琪亚拉是一名虚拟主播（VTuber），她的形象是一位可爱的动漫少女，但幕后运营却由琪亚拉和她的AI团队共同完成。每天晚上，"琪亚拉"都会准时出现在直播平台，和数万观众聊天、唱歌、玩游戏。许多粉丝或许并不知道，此时和他们互动的并非百分之百真人——琪亚拉运用了高度智能化的AI助手系统。当她直播玩游戏时，一个AI模块在后台自动生成流畅的实时解说词供她参考；当海外粉丝用不同语言发弹幕提问时，AI实时翻译让琪亚拉几乎秒回多语言提问。这种人机协作的直播形式，使她能够一个人驾驭过去需要一个团队才能完成的工作：包括内容策划、实时翻译、观众管理等。她甚至尝试让AI驱动的虚拟分身同时在不同平台、多种语言开播，实现"一人多播"的壮举。

其实，在虚拟主播领域，完全由AI驱动的案例也已经出现。Neuro-sama就是全球首个完全AI控制的VTuber，她基于大型语言模型与观众聊天对答如流。尽管没有真人介入，Neuro-sama的人气丝毫不逊色，光是在Twitch平台就收获了超过85万粉丝。这一现象级成功表明，AI不仅能辅助真人主播，甚至可以独当一面成为"数字网红"。许多内容创作者开始思考：是否可以培育多个AI虚拟主播，以不同风格和语言定位不同市场？理论上，这种想法已无技术障碍。例如，有创业团队开发了AI直播翻译系统，可以将主播的语音实时翻译配音为另一种语言直播。YouTube官方也在测试多语言音轨功能，不久的将来，一个主播上传一次内容，AI即可帮助生成多语言版本供用户选择。可以预见，一个优秀的创作者可以通过AI分身，实现"一人成军、覆盖全球"的传播效果。

琪亚拉深谙此道，她将自己的IP授权给一家AI创业公司开发不同语言的虚拟形象。例如，"琪亚拉法语版"实际上是AI克隆了琪亚拉的声音和直播风格，用法语与法国观众互动——琪亚拉本人并不会法语，但AI让她的影响力打破了语言壁垒。再比如"琪亚拉儿童频道"采用了她的卡通形象，由AI根据幼儿心理学算法来创作和主持适合孩子的内容。通过这些AI协作团队，琪亚拉的品牌延伸出多个分支，每一个都面向不同受众且保持高质量输出。她本人则主要负责核心创意和形象管理，不用亲自上阵却实现了多倍的产出。这正体现了超级个体运用AI团队的威力：人类擅长创意和情感，AI擅长多任务并行和技术支持，二者结合能够攫取传统团队才能取得的成就。

虚拟主播与AI协作的模式正在重塑内容产业。越来越多个人创作者开始拥抱AI：有人用AI驱动的虚拟形象在睡觉时仍持续直播，与夜猫观众闲谈，真正做到"真人休息，AI不眠"；有人成立全AI乐队，每个虚拟乐手由不同AI模型控制，每晚在元宇宙舞台举行演唱会，吸引全球乐迷。多语言、多时区、多风格的内容生产不再需要庞大团队，超级个体借助AI即可触达过去难以企及的广度和深度。当然，人们依然珍视真人创作者的独特魅力，但AI无疑扩宽了个人影响力的边界。未来的内容行业版图中，我们或许会看到真人与数字人比肩而立，共同构成丰富的媒体生态——超级个体则立于其上，运筹帷幄，多线并进，以一当十。

通过上述一个个鲜活的案例，我们可以真切地感受到：技术进步与全球流动趋势交织，正在孕育出崭新的职业形态和机会。这一切指向同一个结论：超级个体时代已经到来。那些善于拥抱变化、运用技术、开拓全球市场的个人，将能在时代浪潮中乘风破浪，创造出过去只有大型机构才能实现的价值。从VR协作到AI伙伴，从数字孪生到区块链声誉，每一项技术都为个人插上了新的翅膀；而各国开放的政策与全球社区的支持，又为个人飞得更高、更远提供了热流。可以预见，在未来的职场版图中，"超级个体"将层出不穷：他们也许是在沙滩远程办公的工程师、亦或是在元宇宙打拼的设计师；他们身处世界各地，却共同引领着工作与生活范式的转变。

AI驱动下的个体价值演化路径

技术的进步不仅创造了新职业形态，也在悄然改变个人价值创造的演化路径。在AI驱动的时代，一个普通个体可以通过持续学习和技术赋能，循序渐进进化为"超级个体"，实现价值跃迁。总体而言，这条路径包含如下阶段：

- 认知觉醒与主动拥抱：首先，个人需要意识到AI等新技术带来的变革性影响，克服对未知技术的恐惧，树立终身学习、主动拥抱变革的心态。这一阶段，个体开始关注前沿趋势，明白提升技术素养将直接关系到未来竞争力——所谓"先掌握AI者胜出"，这已如同过去计算机和互联网兴起时的规律：最先行动的人获得优势。

- 技能升级与工具融入：接下来，个人着手学习并掌握AI工具，将其逐步融入自己的日常工作流程。例如，程序员学习使用AI编码助手，设计师练习生成式设计软件，作家尝试自动文本创作和翻译工具等。通过不断实践和摸索，个体的技能谱系开始扩展，"人与AI协作"的能力明显增强。此时，AI成为工作中的得力搭档，个人逐渐显现出高效、多面的工作能力。

- 价值跃迁与多领域发展：当熟练运用AI后，个人便可将节省出的时间与精力投入更高价值的创造性任务。例如，软件工程师利用AI承担重复编码工作，自己专注架构设计和创新开发；平面设计师用AI批量生成初稿，自己挑选润色创意；营销顾问借助AI数据分析洞察市场趋势，从而提供更具战略性的方案。这个阶段，个人开始尝试跨界发展：借助AI迅速学习新领域知识，实现一专多能。很多自由职业者正是通过AI掌握了过去不熟悉的技能（如程序员学会平面设计、律师学会数据可视化），从而拓宽了业务范畴。个人的价值创造曲线因此呈现指数级上升——"一人就是一家公司"不再只是梦想。

- 虚拟代理与持续增值：展望未来，AI可能使个体价值演化出更具革命性的形态。一些先锋已经开始训练"AI分身"来扩展自己的能力边界：通过机器学习模型学习自己的知识和风格，从而打造出个人的数字助手，甚至部分代理自己完成任务。可以想见，不久的将来，一个人也许能够克隆出多个AI代理替身，分别承担不同的工作角色，同时在全球各处为其创造收入。这种情景下，超级个体将拥有"永不疲倦的数字劳动力"，其生产力和影响力将成倍放大。正如本书引言中所描绘的那样，个人或可基于AI训练出自己的虚拟克隆乃至人形机器人，使自己得到前所未有的增强，甚至达到某种"数字永生"，可以分身同时工作在多个地方。虽然这听起来前卫，但技术趋势已初现端倪：从虚拟数字人、智能聊天代理到脑机接口的研究突破，都预示着个人与AI的融合将越来越深。届时，"超级个体"将不仅是高效工作的代名词，更可能成为人机共生的新物种。

综上所述，AI时代的个人价值演化路径，是一条从接受技术赋能到彻底重塑自我的升级之路。在这条路上，技术赋权个人的趋势愈发明显：每一个敢于拥抱AI的人，都有机会突破传统职业的桎梏，在全球化和虚拟化的大舞台上施展才华。超级个体的崛起，昭示着未来职业定义被重塑——劳动不再局限于某个岗位或雇主，而是成为一种跨地域、跨领域、自主协作的动态网络。这样一个未来，正如肯尼迪所言"改变是生命的法则"，在变革洪流中唯有与时俱进者将成为时代的塑造者。每一个平凡人只要善用技术、勇于创新，皆可成长为掌控自身命运的"超级个体"，成为重构未来劳动版图的中坚力量。

正如本书前文所强调的，超级个体并非孤胆英雄，而是人与技术的协同产物。在全球流动与元宇宙新职业的大潮中，每个人都有机会成为超级个体的一员。勇敢地抓住技术，走出舒适圈去探索全球舞台，也许就是你迈向超级个体的第一步。新时代的大门已经敞开，你，准备好了吗？

6

第六章 AI与教育变革

"21世纪的文盲不是那些不会读不识字的人，而是那些不能学习、不学习和重新学习的人。"

—— 阿尔文·托夫勒（ALVIN TOFFLER）

人工智能正在深刻地改变我们的学习和教育方式。从小学课堂到大学讲堂，再到职业培训和终身学习，各个教育阶段都感受到了AI带来的冲击与机遇。过去那种"一刀切"的教学模式正被撼动，一个更加以学习者为中心、灵活多样的教育新时代正在到来。对于身处这个时代的学生、教师和家长来说，适应并善用AI，意味着可以充分释放教育潜能，让每个人都学有所长。

个性化学习的崛起

长期以来，教育面临的一个难题是如何照顾不同学生的个体差异。在传统课堂上，教师难以针对每个学生的兴趣和薄弱环节进行定制化辅导。但人工智能的引入，让大规模个性化学习成为可能。基于AI的自适应学习系统可以实时分析学生的学习数据，了解每个人的知识掌握情况和学习风格，然后动态调整教学内容和节奏。这样一来，每个学生都仿佛拥有了一位只关注自己的私人导师。

如今，我们已经看到一些初步的实践：AI助教可以根据学生答题情况自动推荐巩固练习，AI导师能够24小时在线解答疑问、讲解概念。比如，可汗学院（Khan Academy）引入的AI辅导系统，能够针对不同学生给出个性化的提示和反馈。更先进的AI甚至可以根据学生的面部表情和答题时间来判断他是否真正理解了某个概念，从而决定是重复讲解还是进入下一个主题。

个性化学习的好处显而易见：学生不用再因为进度太快跟不上或太慢感到无聊，每个人都可以按照最适合自己的节奏学习。天资卓越的学生能够迅速地汲取新知，避免被统一进度束缚；而需要更多时间的学生也能得到耐心的反复讲解，不会因为一时落后就被忽视。这种因材施教的理想正在借助AI成为现实。对于渴望自我提升的职场人士，类似的AI学习平台也能帮助他们在业余时间高效获取新技能，实现终身学习。

值得注意的是，近年来生成式AI对教育的影响迅速凸显。以ChatGPT为代表的强大语言模型能够回答各种学科问题、提供写作反馈，甚至根据学生需求生成练习题和详细解答。这给自学者和资源匮乏地区的学生带来了巨大的帮助。然而，生成式AI也带来了新的挑战：一些学生可能依赖AI代写作业、解答考试，从而影响独立思考能力和诚信原则。这迫使教育者重新思考评估方式，如更加注重过程评估和开卷应用型考试，以减少纯记忆型作业给作弊带来的空间。同时，各国教育主管机构对生成式AI在校园中的态度不尽相同。一些学校起初选择封禁ChatGPT等工具，以防范学生学术不端，但完全禁止并非长久之计。例如，美国纽约市教育局最初禁止学生使用ChatGPT，不久后又在2023年春季宣布解除禁令，转而探索如何将其负责任地融入课堂。这表明教育系统正在学习与AI共处：不是简单地视其为敌，封堵在校门外，而是制定指导原则，培训教师掌握AI工具，帮助学生正确使用。未来，个性化AI导师有望成为课堂的日常一部分，但前提是我们找到平衡点，让它既服务学习又不扼杀学生的主动性和创造力。

教师角色的转变

AI对教育的影响不止于学生端，教师的角色也在发生深刻转变。过去，教师主要扮演知识传授者的角色，站在讲台上向学生灌输知识。如今，当知识获取变得越来越容易，AI可以提供海量资讯和自动化辅导，教师不再是课堂上唯一的知识源。相反，他们的角色正逐渐转向导师和引导者，更关注培养学生的批判性思维、创造力和品格等机器无法替代的素质。

在AI辅助的教学环境中，老师可以将重复性的讲解和练习任务交给智能系统处理，腾出时间来关注每个学生的个性发展。例如，AI可以批改大量客观题作业，老师则可以利用省下的时间与学生进行一对一交流，了解他们的思想动态和情感需求。教师还可以运用AI提供的学习分析报告，及时发现某个学生在某知识点上的困难并进行针对性辅导。可以说，AI让老师从繁重的杂务中解放出来，使他们能够"教得更智慧"，把精力投入到真正需要人类关怀和创造力的地方。

与此同时，教师也需要具备全新的技能与心态来适应这种角色转变。他们要学会与AI协作——例如，如何使用AI工具备课、设计个性化教学方案，如何解读AI给出的数据反馈来改进教学。教师还要承担"把关人"的责任：在AI提供的资料和建议中辨别真伪、筛选适合的内容给学生，防止偏见和错误信息的渗入。可以预见，未来的教师将更加类似"教练"或"导师"，引导学生学会学习、质疑和创新，而不只是传递标准答案。

对有志于从教的年轻人来说，这一转变既是挑战也是机会。你不再只是知识的搬运工，而是可以借助AI，将教育的艺术提升到新的高度。教师的价值将更多体现在人际互动、情感支持和价值引领上——这些是AI无法替代的领域。正因如此，教师在AI时代依然大有作为：他们将在新的教育生态中扮演不可或缺的灵魂角色。

为了帮助教师适应AI时代，不少国家和教育机构已经开始行动。例如，一些地区为在职教师提供AI素养培训课程，教授如何利用AI辅助备课和因材施教。同时，各国教育政策也在调整：把数字素养和AI技能纳入教师资格培养体系，鼓励教师在教学实践中分享交流使用AI的经验。联合国教科文组织（UNESCO）等机构也发布指导原则，呼吁教育者以人为本地融合技术。可以预见，未来教师将与AI形成"协作同伴"关系：AI处理繁琐事务和提供分析洞见，教师专注于人文关怀和综合判断，两者相辅相成，共同为学生成长护航。

教育公平的新机遇与新鸿沟

AI为教育带来了前所未有的机遇，但也可能在无意间创造新的不平等。理想情况下，AI有助于缩小教育差距：偏远地区的孩子可以通过在线AI教师获得优质教育资源；家庭经济困难的学生也能使用廉价甚至免费的学习APP自学成才。然而，现实中，技术红利的分配并不均衡，如果不加以引导，AI也可能让"数字鸿沟"进一步拉大。

首先是硬件和网络的鸿沟：在发达地区，学生很容易接触到高速互联网、智能设备和各种AI学习工具，而在欠发达地区，许多学校甚至难以配备基本的电脑和网络。这导致一些孩子无法享受AI教育的好处。其次是使用能力的差异：AI软件再好，也需要用户具备一定的数字素养和自我管理能力。那些缺乏良好学习习惯或指导的人，即便有AI相伴，可能也无法有效利用。而具备资源和指导的人则会借助AI迅速提升，进而拉开差距。

此外，还有一个值得关注的问题：优秀的AI教育产品往往由商业公司开发，它们可能偏向服务付费能力更强的客户。如果昂贵的定制AI家教只属于富裕家庭，那AI带来的将不是公平，而是新的精英教育工具。再者，AI算法本身可能带有偏见或局限，如果主要由一些大公司提供教育

AI，那么课程内容和价值观可能会变得单一化，不同文化和背景的学生需求未必得到满足。

要让AI真正成为缩小教育鸿沟的力量，社会各方需要共同努力。政府可以投入资源在贫困地区部署教育科技基础设施，确保每个孩子都有机会接入AI学习平台；学校和公益组织可以提供数字素养培训，帮助教师和学生掌握使用AI的技能；对于商业公司的AI教育产品，监管者也应制定规范，鼓励开放公平的模式，例如开放部分核心功能给公众免费使用，或支持多元化的内容供给。

同时，一些国家开始制定政策，帮助弱势群体同样能从AI中受益。例如，通过公共资金支持开发针对残障学生的AI辅助工具，让特殊教育领域也享受到最新技术成果；为农村学校提供卫星互联网和低成本终端设备，以破解网络瓶颈；组织城市优秀教师利用AI平台为乡村学生远程授课辅导，等等。这些举措旨在确保技术进步不只是精英的特权，而能惠及更广泛的人群。

乐观地看，AI确实为促进教育公平提供了新途径——如果我们善加利用，它可以把最好的老师带到每个角落，把最适合的学习方法提供给每个孩子。但这条路上潜藏的陷阱也需要清醒认识。每一位关心教育的人，都应积极参与这场变革：既要推动技术进步，也要确保不让任何学生掉队。

总的来说，AI驱动的教育变革正朝我们走来。对于学习者而言，这是最好的时代——我们拥有比以往丰富得多的工具去探索知识海洋；对于教育者而言，这也是重新定义教学、发挥创造力的时代。但新的时代也提出了新的责任：我们必须共同塑造AI在教育领域的应用方向，让技术真正服务于人的成长。怀抱着审慎的乐观，我们有理由相信，一个更加个性化、更具包容性的教育未来正徐徐展开，为每一位热爱学习的人带来希望。

7

第七章 超级个体与家庭结构

"家庭是大自然的杰作之一。"

— 乔治·桑塔亚那（GEORGE SANTAYANA）

超级个体时代不仅会重塑个人与社会的关系，也会深刻影响我们最亲密的社会单位——家庭。随着个人自主性的增强和技术融入日常生活，传统的家庭观念、婚姻模式和代际相处方式都在发生变化。一方面，科技为家庭生活带来了新的便利与可能；另一方面，它也对亲情纽带和家庭结构提出了挑战。本章我们将探讨超级个体时代下家庭关系的新趋势，包括婚姻、育儿、养老等领域的变迁，以及技术对家庭生活的影响。

养育与陪伴的技术辅助

在过去，抚育子女和照顾家人主要依靠家庭成员自身的投入和少量外部支持。而如今，各种智能科技正成为家庭中的新帮手，辅助我们完成养育与陪伴的重任。AI早教机、智能故事机可以陪伴幼儿启蒙，回答他们千奇百怪的问题；育儿类手机应用能帮助年轻父母监测宝宝的健康、规划科学的喂养和作息；家用机器人则开始承担部分家务和看护工作，让父母和子女拥有更多高质量的相处时间。

想象一下，一个新生儿家庭中，智能育儿管家24小时值守：夜里婴儿一有动静，智能婴儿床就自动轻轻摇晃并播放舒缓音乐哄他入睡，必要时提醒父母起床喂奶；白天，AI助手根据宝宝的成长阶段推荐互动游戏和早教内容，还会提醒父母注意宝宝最近的营养摄入是否均衡。对于年长者，智能监护设备可以实时监测老人的健康指标，遇有异常及时通知子女或医生；社交机器人能够陪老人聊天、提醒吃药，缓解独居老人的孤单。

这些技术辅助极大减轻了家庭照料的负担，也改善了被照料者的生活质量。在超级个体时代，父母可以更从容地平衡事业与家庭，因为他们身边有AI提供支持；子女也能运用科技更好地孝敬父母，即使相隔两地也能随时了解老人的状况。可以说，技术正在成为家庭的一份子，扮演着保姆、老师、护工甚至玩伴的角色。

值得一提的是，智能技术在养育领域的应用正不断推陈出新。比如，一些育儿机器人不仅能唱歌讲故事，还配备了简单的情感识别功能，可以根据孩子的表情和语气调整互动方式，更贴近人性化的陪伴。有的国家政府也在积极推动"AI+托育"模式，在公共幼儿园和养老院试点机器人辅助照护，以应对育儿成本高企和护理人手不足的问题。未来，随着AI在情感计算和人机交互方面的进步，我们也许会看到更加聪明贴心的"电子家庭成员"出现。不过，这些科技帮手在提供便利的同时，也提醒我们注意数据隐私和依赖性的风险——当家庭日常高度依赖智能设备时，我们要确保这些设备采集的日常生活数据不会被滥用，并在需要时具备脱离科技独立运转的能力。

AI陪伴下的新家庭日常

除了功能性的辅助外，AI正在融入家庭的日常陪伴，改变我们的生活细节。越来越多家庭开始拥有"数字家庭成员"——也许是一个对话式的AI助手，或者是一只虚拟宠物，又或者是一个拥有可爱外形的机器人朋友。这些AI伙伴虽然不具备生命，却能带来情感上的慰藉和陪伴。

比如，小朋友可以和智能机器人玩耍、对话，把它当作玩伴和倾听者；独居青年回到家，可以让语音助手放一段喜欢的音乐、聊聊今天的新闻动态，家里不再是冰冷寂静的一片；老人们则可以和智能音箱聊聊往事、下棋解闷，AI温和的声音仿佛成了家中的新成员。甚至有人给自己的AI助手起名字、庆祝它的"生日"，可见人们已开始在情感上接受这些虚拟伙伴。

AI陪伴正在塑造新的家庭日常。早晨，智能助理根据全家人的日程准备好定制的提醒和建议；白天，孩子放学回家先和AI导师对作业进行辅导预习；傍晚，智能厨师机器人已经自动烹制好可口晚餐，全家享用；夜里，老人和孙辈通过VR设备一起"出游"看世界——虽然身处不同城市，却仿佛同在一个屋檐下共享天伦。这些场景听起来科幻，却正逐渐成为现实生活的一部分。

然而，AI深入家庭陪伴也引发一些担忧。有些父母担心孩子过于依赖智能设备，会不会减少与真人相处的机会？有人思考，当老人更愿意听从AI的建议，是否会加深与子女的代沟？还有人提出伦理问题：我们会不会对拟人化的AI产生过深的感情，从而模糊了人与机器的界线？这些问题提醒我们，尽管AI可以丰富家庭生活，但人际之间不可替代的情感交流依然重要。科技陪伴应是真人陪伴的补充，而非替代。

值得关注的是，近年来出现了一些对AI陪伴过度沉迷的案例，进一步凸显平衡的重要性。比如，有些年轻人把AI聊天机器人当作唯一的倾诉对象，长时间沉浸其中，甚至比和真实亲友交流花更多时间。这种现象可能导致社交技能退化和现实关系的冷淡。而另一面，也有孤寡老人因为AI机器人的陪伴而重新露出笑容的故事。在日本和欧洲的一些养老院，引入可爱的机器人宠物（如智能机器狗、疗愈机器人海豹等）大大缓解了老人的抑郁和孤独感，甚至在临床研究中观察到老年痴呆症状的进展放缓。这些例子表明，AI陪伴可以是"双刃剑"：如何适度而审慎地利用，考验着每个家庭的智慧。我们需要在便捷与情感之间找到平衡，确保科技丰富家庭生活的同时，不削弱人与人之间天然的情感联系。

家庭观念的变化与挑战

超级个体时代的到来，使得个人的选择和追求更加多元化，这也反映在婚姻与家庭观念上。当个人不再像过去那样强烈地依赖家庭提供经济支持或社会地位，人们对于是否结婚、生育以及如何定义家庭有了更多自主空间。近年来，晚婚、不婚的人口比例在许多国家上升，丁克家庭（选择不生育）日渐增多，单身群体和非传统家庭结构（如单亲家庭、重组家庭、同性伴侣家庭等）更加普遍。这些现象背后，一方面是社会观念的开放，另一方面也与技术和经济的发展赋予个人更多独立性有关。

在AI和数字技术的支持下，个人生活的便利度和安全感提升了，一个人生活也可以过得丰富多彩且井井有条。智能家居照料你的日常起居，社交媒体和线上社群满足你的社交需求，AI助手提供情感陪伴……很多人发现，即使没有传统婚姻，他们依然可以拥有充实的生活。这种趋势让我们重新思考家庭和婚姻的意义：当婚姻不再是经济保障或社会必需，那么它更应该建立在真正的情感和价值认同基础上。

同时，这种观念变化也带来新的挑战。人口出生率在一些地区显著下降，老龄化趋势加剧，对社会保障和经济活力产生影响。当更多人选择独身或非传统的家庭模式时，传统以家庭为单位的社会支持体系需要调整，例如医疗保险、税收政策、养老模式等如何适应多样化的家庭结构？此外，技术虽然能在一定程度上替代人际功能，但终究无法完全取代亲情的温度。我们需要警惕"技术冷漠"的风险：如果过于沉迷数字生活，人们可能忽视了现实中需要花心思经营的人际关系。

一些国家已经感受到了家庭模式转变带来的冲击，并开始采取措施应对。例如，针对青年不婚和生育率下滑的问题，政府提供经济激励（生育津贴、育儿补贴、房贷优惠等）鼓励组建家庭；对于单身和非典型家庭，调整税收和福利政策以更公平地覆盖不同人群；社区层面也出现新的互助网络，例如专为独居老人服务的邻里志愿者组织，或单亲家庭组成的互助小组，共同照看孩子、分享资源。这些努力旨在让社会保障体系更具弹性，适应超级个体时代多元家庭的需求。

数据也印证了家庭结构的剧变。例如，中国的生育率在2022年降至约1.09的历史低点，成为全球主要国家中最低的之一。像韩国、日本等国的生育率更是长期低迷，人口老龄化严峻。这些趋势促使政府重新审视移民政策、退休制度和劳动结构，以填补家庭结构变化带来的社会空白。在一些西方国家，单人家庭户数比例创下新高，城市中独居已成为一种常见的生活方式。社会对于"一个人过一生"的接受度提高了，对单身人士的偏见逐渐减少。这种观念上的进步，为多元家庭形态的共存创造了更包容的环境。

面对这些变化，我们既要尊重个人选择的自由，也要努力营造一个对多元家庭友好的社会环境。例如，鼓励职场弹性制度，让不论已婚未婚都有时间照顾家庭和追求自我；发展社区互助网络，为独居老人或单身青年提供支持和联系；在文化上，摒弃对非传统家庭的偏见，让每个人都能按照自己喜欢的方式生活而不被歧视。

超级个体时代的家庭，将会比以往呈现出更多样的面貌和更灵活的关系模式。无论家庭形态如何演变，其核心仍然在于爱与责任。技术的发展可以为我们提供工具和新的途径去表达关爱，但真正稳固家庭的，永远是成员之间相互扶持、彼此理解的纽带。在变化的时代，家庭依然是每个人心灵的港湾，只是我们拥有了更多方式去建构和维护它。

综观本章，技术在为家庭生活注入新活力的同时，也改变着我们的观念和行为。超个体时代的家庭可能更自主、更灵活，但它依然需要温情和人性作为支撑。展望未来，我们有理由相信，一个人们可以自主选择家庭形式、并在技术辅助下更好地关爱彼此的时代正在到来。那将是一个家庭更加多元而每个成员都更具幸福感的未来。

8

第八章 未来城市与生活方式

"30年后，随着技术的进一步发展，人们会回过神来，想知道为什么办公室会存在。"

——理查德·布兰森

当 技术进步赋予人们前所未有的自由，我们的城市形态和生活方式也在发生深刻变革。未来的城市将充满智慧科技和生态理念，其空间结构、基础设施和居民日常都将与今天截然不同。本章将从多个维度描绘未来城市与生活方式的蓝图，展望这些变革如何为创业者、白领、学生等具有未来意识的个人创造新的机遇和角色。

未来城市的空间结构与建筑形态

未来城市在空间布局上将更加紧凑多核，强调社区自给自足与功能混合。一种受到广泛关注的规划理念是"15分钟城市"，即让居民在步行或骑行15分钟范围内即可满足工作、购物、医疗、教育、娱乐等日常需求。通过营造多个分布式的城市中心，未来都市不再是单一核心商务区与大片睡城的割裂格局，而是由众多活力社区组成的网络。这既减少了通勤依赖，提升了生活便利度，也有助于构建更具韧性的城市结构。

与此同时，未来的建筑形态将突破传统的盒状高楼，呈现更加多样与生态融合的面貌。摩天大楼将不仅追求高度，更注重垂直空间的高效利用和绿色设计。例如，建筑立面可能覆盖植物形成"垂直森林"，既美化环境又改善空气质量；楼宇间通过空中连廊相连，方便人群在高层之间步行通行，形成立体的步行城市。部分未来城市概念甚至设想了线性城市或水上城市：比如沙特正在建设的"THE LINE"线性城市，规划为一座170公里长的巨型镜面楼宇，容纳900万人口却几乎不占用土地，没有传统道路和汽车，完全依靠可再生能源供电。这类大胆构想体现了人们对未来建筑极致形态的探索，也激发我们思考如何在有限空间里创造更宜居的环境。

智能建筑系统与城市基础设施

未来城市的每一栋建筑都将成为智慧有机体。智能建筑系统通过物联网传感器和AI实现对楼宇环境的实时调节：温度、照明、通风将根据人员活动和时间自动优化，最大程度节能舒适；建筑结构配备自适应材料，能够根据天气变化调整透光和保温性能。当你走进办公室大楼，摄像头和传感器已经识别你的身份并调用电梯等待，无需刷卡等待。整栋楼宇由中央AI"大脑"监控，用电高峰时自动调低空调制冷功率，用电低谷时则开启储能设备给电池充电，实现能效的动态优化。这些智能系统不仅提高了便利和效率，也让建筑更环保：研究表明，通过AI对供暖通风系统的优化，商用建筑可节约30%以上的能源消耗。未来的摩天大楼或许不再是能源黑洞，而是能生成能源的"发电机"——楼宇墙面嵌有透明太阳能电池，电梯减速时回收动能发电，办公设备闲置时反馈电力回网，实现建筑能源的自给自足。

在城市层面，基础设施将全面升级为智慧网络。道路、管网、电力、通信等系统都嵌入了传感器与数据连通，实现自主监测和即时响应。例如，智能交通基础设施让红绿灯不再按固定时长切换，而是由城市AI根据实时车流动态调控，让车辆行驶始终顺畅无滞。城市智能电网通过与建筑和电动车的数据交互，精准感知何时哪个区域用电高峰，将电力从分布式储能单元调配至所需地点。当光伏屋顶在正午产出过剩电力，电网立即指挥社区的家庭电池储存起来；傍晚用电高峰来临，又将白天储存的电力释放补充，从而平滑负载、降低峰谷差。据预测，到2029年全球智慧电网每年可节省高达2900亿美元能源成本——这要归功于AI对供需的高效匹配和新型储能技术的应用。城市的给排水管网也将遍布智能阀门和监测设备，自动检测漏损和水质污染并及时报警修复。基础设施维护将越来越少依赖人工：巡检机器人会沿着地下管道自行行驶，利用摄像头和超声波检测管壁裂缝；无人机在夜间巡视桥梁和高楼外墙，将图像传给AI分析结构健康状况。一旦某处出现故障隐患，系统会第一时间通知检修团队预置方案，甚至由维修机器人先行处理。城市级AI协同系统则扮演中枢角色，将交通、能源、水务、应急等各个系统整合起来统一调度。例如，中国杭州的"城市大脑"平台已经初步展示了这种雏形：通过连接交管、消防、医疗等数据，它让城市仿佛拥有了全局智慧。实施以来，杭州的交通拥堵排名从全国第2降至第35位；紧急情况时，系统自动为救护车连绿灯开道，使急救响应时间减少了50%。随着技术演进，未来每座城市都可能拥有自己的AI"大脑"，日夜不停地分析城市实时数字孪生模型，从容调配资源、预测并化解危机。

智能交通与城市级 AI 系统

未来城市中，人和物的移动将变得更加自动化、立体化和高效安全。首先，无人驾驶汽车将逐步普及并最终主导地面交通。个人不再需要私家车，"汽车即服务"的出行模式随处可得：只需通过语音或手机呼叫，一辆无人驾驶电动车便会准时抵达。一旦乘客上车，车辆通过与城市交通AI系统通信，自动选择最优路线避开拥堵，车队编队行驶以提高通行效率。在这样的城市，十字路口可能不再需要红绿灯——自动车辆在AI指挥下彼此错让，交叉穿行却毫发不差。此外，道路将根据无人车的特点重新设计：由于精准驾驶和避免碰撞的能力提高，车道宽度可以缩窄，腾出更多空间给行人和自行车；曾经遍布城市的停车场则大量改建为公园广场或住宅，因为汽车可以在载客后自行驶向城郊集中停放或继续服务他人。美国等地的实际测试已经证明了无人车的可行性，一些城市正在试运行无人驾驶公交车等项目，为全面推广积累经验。有研究预测，到2030年，全球超过20%的新乘用车将具备高度自动驾驶功能。

除了地面车辆，未来城市的交通还将向空中和地下发展，形成三维立体网络。在高楼林立的都市，不难想象天空中有序穿梭着载客无人机和电动空中出租车。这些垂直起降的飞行器由AI调度，在楼宇屋顶或专设停机坪起降，将乘客以空中捷径送达目的地，避开地面拥堵。目前，多个公司已经在测试载人无人机服务，例如谷歌母公司旗下的Wing无人机配送已在多个国家完成了50万次以上的日常包裹投递；一些城市也在试点载人无人机接驳机场与市中心。地面以下，地下快速交通同样在酝酿变革。隧道中的高速轨道交通（类似"超级高铁"的技术）有望以每小时数百公里的速度穿梭城市各节点，使超远距离通勤在几分钟内完成。未来都市人可以想象这样的场景：清晨从郊区住宅出发，搭乘地下真空高速列车十分钟抵达市中心，再换乘无人驾驶摆渡车两分钟到达办公室，一路行程毫不耽搁。

所有这些多层次交通方式的背后，是强大的城市级AI协同系统在统筹运转。这个"大脑"实时汇集来自道路、车辆、空域的海量数据，进行全局优化调度：当雨天导致空中航线暂时关闭，它会增加地面无人车运力；当某条交通隧道检修，它会提前引导乘客改道并增派其它线路运能。交通AI也大大提升了安全性，车辆行人之间通过V2X通信相互"看见"，AI可提前预测潜在碰撞风险并减速避让。得益于此，交通事故率有望大幅降低，城市如赫尔辛基等已经率先尝到甜头——赫尔辛基在2022年实现了全年零交通死亡的记录，这被认为与智能交通管理和车辆主动安全技术密不可分。更进一步，城市AI还能与应急系统联动，例如自动为消防车和救护车优化路线、控制路权，使紧急车辆一路畅行无阻。总之，未来智慧交通是在城市AI大脑指挥下编织的一张高效、有机的出行网络，届时"堵车"和"交通事故"这些曾经的城市病将显著缓解甚至成为历史。

城市能源管理与环境治理

在未来城市中，能源将以清洁、分布式、自循环的方式被生产和利用。传统的大型化石燃料电厂将让位于遍布城市的可再生能源装置：太阳能电池板铺满屋顶和南向墙面，透明光伏玻璃替代窗户为高楼不间断发电；微型风力涡轮安装在摩天大楼的高处，在强劲气流中日夜运转；社区公园和空地上安装的储能电池和氢燃料电池组，则将白天过剩的绿色电力储存起来，供夜间或阴雨天使用。在智能电网的调控下，城市形成一个能源自循环系统：从白天的阳光和风中"捕获"能量储存，随时根据需要释放。在这样的体系中，每栋建筑、每辆电动汽车甚至每个家庭都既是能源消费者也是生产者——当自家屋顶光伏阵列发出的电超过所需，剩余电力自动上传电网供他人使用；当夜间电动车闲置，车载电池反向馈电稳定电网电压。这种分布式能源网络提高了城市韧性，即使某一处发生故障断电，其它节点也能顶上，避免全城大停电的发生。

有了智能系统的辅助，可再生能源的大规模接入将更加平稳高效。举例来说，丹麦等国已经尝试利用AI预测风能和太阳能的输出，根据天气预报和历史数据提前安排备用电源与负荷调整，使可再生能源利用率大幅提升。未来城市中，当清晨第一缕阳光照入窗户，家庭智能管家已接到电网AI指令，开始优先使用屋顶光伏供电并给家中电池充电；中午光照最强时，建筑传感器检测到室内温度上升，于是启动智能遮阳和空调预冷，同时利用此时丰富的太阳能满足空调耗电。黄昏时分光照减弱，但地库里的储能电池缓缓释放白天蓄积的能量，平稳地保障社区夜晚照明和居民用电。可以想见，未来城市白天不需要从远方电厂运来过剩电力浪费在输电损耗上，而是善用每一束当地阳光和每一缕微风，实现能源的就地自给和高效循环。

在环境治理方面，未来城市同样将运用科技手段实现空气与水的净化循环。首先，空气质量治理将从被动监测走向主动干预。成千上万个微型空气传感器散布在城市街头巷尾，形成密集的"数字嗅觉"网络，一旦某地区PM2.5等污染物浓度上升，系统立即溯源分析原因：如果是交通拥堵导致尾气积聚，交通AI会自动重新调配车流、降低该区车速；如果是沙尘或秸秆燃烧等外来污染，城区边缘的巨型空气净化塔和建筑物上的空气过滤装置将启动主动清洁模式。例如，中国西安试验建造了一座高达100米的"空气净化塔"，日均可产生1000万立方米清洁空气，在重污染天气使周边PM2.5浓度降低15%。未来更多类似的"城市空气清洁器"可能以塔式、墙面或屋顶花园等形式出现，为城区源源不断地提供洁净空气。当你漫步街头，路旁的垂直绿化墙不仅赏心悦目，更在悄然吸附尘埃、分解有害气体，让城市呼吸更加顺畅。

对于水资源，未来城市将建立高度循环利用的水管理系统。一方面，大规模集成的传感器会监测水管网的压力与流量，及时发现漏损并自动关闭相关管段，减少宝贵淡水的浪费。另一方面，污水再生技术将使"废水"变为新水源。城市将普及分级处理的污水厂和社区中水站，将居民生活和工业产生的废水净化到可用级别循环回用，用于灌溉、清洁甚至作为工业冷却水。据统计，当前以色列已能够循环利用接近90%的城市污水用于农业灌溉，居世界首位。未来的智慧城市或将向以色列取经，大幅提高自身的水循环率，实现城市水闭环：雨水通过透水路面下渗收集，汇入地下蓄水模块；日常用水反复净化回用，把每一滴水的价值发挥到极致。在家庭层面，智能家居用水系统会精确控制每次淋浴和清洗的用水量，在保证舒适的同时避免不必要的浪费，并将微污染的"灰水"分类收集供二次利用。

除了治理污染，未来城市还将致力于将自然引回城市，实现生态与城市共生。城市规划中大量增加绿地、水体比例，通过屋顶绿化、城市农园、生态廊道等方式，为居民创造宜人的小气候，也为动植物提供栖息地。街道将种植耐污染的植被以吸收汽车残余尾气，河道湖泊经过生态修复重新清澈见底，各类鸟类、昆虫也重新出现于居民身边，构成生机勃勃的都市生态系统。城市韧性也由此提升，当极端天气来袭时，公园绿地与下沉式广场可以吸纳暴雨径流避免内涝，夏季成荫的林带降低"热岛效应"减缓高温压力。总之，未来的城市能源与环境管理将以技术为杠杆，撬动出一个低碳、高效、清洁的运行模式，使城市既强大又温柔地拥抱人类和自然。

未来城市的食物生产系统

当城市规模越来越庞大，如何在有限空间内养活众多人口？未来城市的答案是在高楼大厦之间打造高度集成的食物生产系统。首先，垂直农场将成为城市粮食的新来源。在多层建筑内采用人工光源、水培或气雾培技术种植蔬菜、水果，突破传统农业对土地和季节的限制。一个典型的未来垂直农场可能是一栋几十层高的大楼，每层种植不同作物：低层是绿叶菜和草莓，中层是西红柿、辣椒等果蔬，高层则可能培育食用菌和水产养殖（如鱼虾）。全部种植过程由计算机精准控制——LED灯模拟最佳日照周期，营养液循环系统为植物输送"定制配方"的水肥，环境传感器随时调整温湿度以优化生长。机器人负责播种、采收和搬运，全年无休地照料这些"城市作物"。得益于多层空间利用和全年恒定生产，垂直农场的单位面积产量远超露天田地。据美国农业部研究，一些作物在垂直农场中每平米年产量可以达到露天种植的10~20倍；有报道甚至称，通过24小时人工光照多茬收获，极端情况下垂直农业每平米产量可比传统农业高出数百倍。更重要的是，垂直农场耗水量比户外耕作减少高达90%——水在封闭系统内循环利用，几乎滴水不浪费。这意味着在沙漠、城市中心等水土匮乏之地，也能高效生产新鲜蔬果供应市民餐桌。

除了植物，未来人类获取蛋白质的方式也将出现革命性变化。细胞农业（又称培育肉或实验室养殖）正在兴起，通过在生物反应器中培养动物细胞来生产肉类、奶制品等传统畜牧业产品。想象一下城市中的"肉类酿造厂"：不再有大片牧场和屠宰场，而是在洁净车间里，巨大钢制发酵罐中滋养着牛肌肉细胞，它们游离于营养液中缓缓增长，数周后收集加工，就变成了汉堡肉饼或牛排的原料。这样的过程避免了养殖动物所需的土地、饲料和水，也没有甲烷排放和动物福利问题。据研究机构预测，如果消费者接受培育肉，其市场规模到2030年可能达到250亿美元。如今全球已有超过百家初创公司竞相研发培育鸡肉、牛肉、鱼肉等产品，并不断刷新技术进展：培育肉的成本在过去几年里已降低了99%，如果保持类似的下降速度，到本世纪30年代有望与传统肉价相当。2020年，新加坡率先批准培育鸡肉上市，标志着细胞农业从实验迈向商业化。未来城市的超市货架上，消费者可能会发现许多由细胞培养或发酵生产的食品——比如不用奶牛的牛奶、不用蜂蜜蜂蜜、不用鸡蛋的蛋白粉等，这些"分子食物"在营养和风味上与传统产品无异，却极大减少了对环境的压力。

城市农业的第三个重要组成部分是社区和家庭农场的普及。科技让每个人都可参与食物生产：家庭厨房里摆放的小型水培箱可以一年四季生菜不断；居民楼顶建成共享菜园，由AI指导种植番茄、辣椒等，为邻里提供新鲜蔬菜；社区中心设有小型昆虫养殖柜，养殖高蛋白的食用昆虫粉制作零食和饲料。这些微型农业不仅提高了城市食物自给率，也是一种新型社交和生活方式——忙碌的都市人在下班后参加社区园艺活动，在绿意盎然中放松身心，结识邻居。甚至办公楼里也可能引入"办公农场"概念：墙壁上垂直种植着绿叶菜，既美化空间又为员工沙拉吧提供食材；鱼菜共生的水族箱摆放在大厅，一边观赏锦鲤悠游，一边植物根系净化水质、吸收养分。这种把生产融入生活的理念，被称作"农业城市主义"，正在改变我们对城市与乡村界限的刻板认知。

通过垂直农场、细胞农业和社区农耕三管齐下，未来城市将大大降低对远距离食品供应链的依赖。从农场到餐桌的距离大幅缩短，不仅减少运输排放和损耗，也使城市在面对全球性粮食危机时更具自主性和韧性。可以预见，明天的都市人或许能够在繁华街区的一栋高楼里看到透明玻璃幕墙后的绿油油菜田，在家门口的工厂买到新鲜出炉但从未在动物身上长成的牛排。这种科幻般的场景，正逐步成为现实。

与城市并行演进的未来生活方式

随着城市技术和环境的演进，我们的生活方式也将在方方面面发生变革。未来的工作、消费、社交、娱乐、健康与养老，都将呈现出与今天显著不同的新面貌。这些变化既源于科技带来的可能性，也反过来塑造着城市的发展方向。在这一节中，我们从个人日常生活的角度出发，畅想未来生活方式的各个维度，并探讨其中孕育的机会与挑战。

◆ 工作形态：远程办公与元宇宙协作

"办公室"曾经是工作的代名词，但未来的工作形态将更加灵活、分散，甚至跨越虚实边界。首先，大规模远程办公将成为常态。借助高速网络、云服务和协作软件，许多知识型工作者可以不受地理位置限制地为公司或团队贡献力量。新一代人可能更倾向于做"数字游牧民"——今天在海边小镇的咖啡馆编程，下一周又飞往山间民宿完成设计项目。各国政府也在顺应这一趋势，截至2023年全球已有60多个国家推出了数字游民签证计划，积极吸引远程工作者赴当地居住消费。对于个人而言，远程工作意味着可以选择最理想的生活地点，而不必为了一份工作长期困在某座城市；对于企业而言，则可以从全球招募人才组建分布式团队，项目运作不再局限于一地办公室。

但是，远程合作并不意味着缺少互动。恰恰相反，虚拟现实（VR）和增强现实（AR）技术的发展将赋予远程协作全新的体验。未来的会议可能在"元宇宙"中的虚拟办公室里举行：每个人戴上轻便的AR眼镜或VR头显，就能以数字化身/avatar的形式出现在同一个虚拟会议室中。你会看到同事的3D形象坐在圆桌旁，大家可以自如地交谈、举手示意，甚至一起在虚拟白板上勾画创意。这种沉浸式协作不仅比传统视频会议更具现场感，也避免了"窗格中的人"带来的疏离和疲劳感。有调查预测，到2030年可能有超过2300万工作岗位会广泛使用AR/VR技术进行培训或协作。一些跨国公司已经开始尝试这类虚拟办公：例如某咨询公司为新人发放VR设备，让他们参加虚拟培训和社交活动，以弥补远程工作的不足。未来，当硬件进一步小型轻量、虚拟交互更加自然，"虚拟办公空间"有望成为与现实办公室并存的重要工作形态。一名设计师或工程师白天可能在VR中与来自全球的同事并肩工作在同一虚拟工作站，摘下头显后又悠然走到阳台照料植物——工作与生活界线在空间上模糊却在心态上更加自主。

除了正式就业，未来的工作形态还包括更多样的弹性团队和个人创业模式。平台经济和自由职业的兴起，使越来越多人以接单、项目制形式工作。他们可能同时为多家机构贡献才能，也可能几个志同道合者组成临时团队攻克某个创新课题。区块链等技术还催生了去中心化自治组织（DAO），通过智能合约聚集全球各地的人才协作完成任务，而不需要传统公司架构。由此，一种"无边界职场"正在形成：工作不再等同于朝九晚五坐在雇主办公室，而是一系列个人与团队、现实与虚拟交织的创造活动。对于善于利用技术的个体来说，这意味着前所未有的自主与机遇——地理位置和公司品牌的束缚减弱，每个人都可以通过提升技能、拓展网络，在全球范围内寻找发挥才干的舞台。

～

◆ 消费形态：虚拟体验式购物与自动化供应链

走在未来城市的商业街，映入眼帘的不再只是实体店橱窗，还可能叠加着一层数字世界的琳琅满目。虚拟体验式购物将重塑消费形态，让购物过程既高效便捷又充满乐趣。首先，增强现实(AR)技术将广泛应用于零售业。顾客戴上AR眼镜或使用手机摄像头，对准自己就能实时试穿虚拟衣服、试戴虚拟首饰——无需进试衣间，一键即可看到不同款式在自己身上的效果。如果你走在街头看中一位路人背的包，只要凝视几秒，AR系统就会识别款式并弹出商品信息，告诉你附近哪家店有售或可直接在线订购。沉浸式购物也在虚拟世界大展拳脚：大型商场纷纷开发虚拟商城，你的数字分身可以漫步其中，商品以3D模型形式陈列，你可以360度查看、与AI导购交谈。想象你坐在家中沙发，戴上VR设备进入某知名百货公司的虚拟店庆活动——你看到身边熙熙攘攘的其他顾客(都是他们的avatar)，在品牌柜台前试用新品化妆品的虚拟效果，或观看一场限时的虚拟时装秀。整个体验既像玩游戏又完成了购物，一旦下单，现实中的商品会自动打包通过机器人物流送到你家门口。

支撑未来消费体验的，是高度自动化的供应链和物流体系。商品从生产到配送的每一个环节都将由机器人和AI高效衔接。工厂生产线上，AI根据实时订单动态调整产量，"柔性制造"可以让同一条产线快速切换不同产品型号，小批量定制也不增加额外成本。仓库里，成百上千台自动引导运输机器人（AGV）在货架间川流不息，根据算法优化路线拣选商品。据报道，亚马逊公司在其运营中心已部署了超过75万台机器人来辅助拣货、搬运和包装。未来仓库几乎可以灭灯运作，全由机械完成工作，大幅提升效率并降低差错率。一旦顾客下单，订单会被智能系统拆分最优执行：或从最近的仓库发货，或从店铺现货直接配货，由算法决定。随后，无人配送登场：在密集城区，地下的传送管道和地面的配送机器人负责小件商品送货上门；在郊区或低密度区域，上空会有无人机按照云端调度系统的路线图将包裹投递到后院。Google旗下Wing公司的无人机已经在试点中实现了平均不到10分钟送达的速度。大型物件则可能由自动驾驶货车在夜间配送，当清晨你醒来时，新购买的家具已稳稳送达小区自提柜。整个物流过程中，AI实时监控天气和交通调整路径，确保以最低能源消耗完成配送——或许你会发现，曾经常见的送货卡车明显减少了，街头巷尾多了些"小黄鸭"模样的送货机器人默默穿行，却很少造成拥堵和污染。

值得一提的是，消费本身将更加数字化和定制化。除了实体商品，虚拟商品和体验也成为消费的重要部分。年轻一代或许乐意为虚拟世界里的限量版服装、艺术品买单，让他们的数字分身也拥有时尚行头。同时，AI将深入参与消费决策：你的个人数字助理了解你的喜好和需求，会为你筛选商品、砍价比价，甚至直接下单采购日用品，你只需在家中等待收货。这种"零摩擦消费"模式让生活极其便利，但也考验人们理性消费的能力。总的来说，未来的消费形态是在虚实融合的环境中进行的，全自动供应链让"一键下单，万物即来"成为现实，而丰富的虚拟体验又赋予购物以社交和娱乐的意义。

~

◆ **社交文化：虚拟社群与跨语言 AI 沟通**

未来城市中的社交将突破空间和语言的藩篱，呈现出全球化、本地化交织的独特文化景观。一方面，人们将更加习惯于通过数字平台建立和维系关系，涌现出各种形态的虚拟社群。这些社群可能是基于兴趣爱好的全球论坛、也可能是邻里之间的在线社区。地理上的邻居不一定彼此熟识，但在元宇宙中志同道合者却可能每天欢聚。举例来说，一个音乐爱好者可以在虚拟现实演唱会中与分布世界各地的歌迷一起挥舞虚拟荧光棒；一群创业者则可能在在线协作空间中组建项目团队，远隔千里却并肩奋战。甚至传统意义上的"社区"也在被重新定义——有学者提出未来会出现"全球本地化"的生活方式：人们身处本地实体社区，却同时深度参与着全球线上社群。你可能住在某个小镇，但通过互联网每日与遍布世界的同好交流、工作，这些线上伙伴构成了你重要的社交圈。于是，社区不再仅仅是地缘概念，文化也在这种交流中碰撞融合。在一些数字游民聚集的地方已经可以看到这种趋势：来自不同国家的人带着各自文化背景居住在同一社区，白天各自对着电脑和远方团队协作，夜晚又聚在当地酒吧闲聊，本地社区因此呈现出跨文化融合的新面貌。

另一方面，增强现实(AR)等技术将赋予现实社交更多数字层次。未来你走在街上，与朋友见面时佩戴的AR眼镜可以自动在视野中显示对方最近分享的生活动态，甚至标注出TA喜欢的咖啡口味以便点单时参考。当你参加一个国际会议或旅游结交新朋友时，即时翻译的AI助手会发挥巨大作用。想象与你面对面交谈的是一位讲西班牙语的朋友，你们各自戴着翻译耳机，对方的话音刚出口，你耳中几乎同步就传来流畅的中文翻译，而你回答的中文对方则听到西班牙语版本。这并非天方夜谭，目前市面上已经出现了支持上百种语言的AI翻译耳机，实现近乎实时的双向翻译。未来技术成熟后，跨语言沟通的障碍将大为降低，人们可以更加自如地结交不同文化背景的朋友。语言不再是隔阂，每个人都拥有"巴别鱼"般的能力去倾听和表达。这对于国际合作、跨文化交流将是革命性的促进，人类社会有望因此变得更加包容和紧密。

值得注意的是，尽管数字社交丰富了联结方式，但也带来了一些挑战。人们可能因为沉浸虚拟社群而忽略身边的真实邻里关系，导致社区凝聚力下降；又或者因为交流太方便而信息过载，陷入碎片化社交的疲惫。因此未来的城市生活中，可能需要平衡虚拟与现实的社交：城市规划者提供更多公共空间和社交活动，鼓励居民走出家门面对面互动，而个人也需要培养"数字礼仪"和自律，既享受全球社交的便利也珍惜眼前人与人的温情。总之，未来社交文化将兼具科技色彩与人文关怀——技术让五湖四海的人近在咫尺，但我们终究还需要真实的微笑、拥抱和邻里守望来滋养内心。

～

◆ 休闲娱乐：沉浸式体验与个性化内容定制

娱乐方式在未来也将发生令人眼花缭乱的变化，可总结为两个关键词：沉浸和定制。随着VR/AR、全息投影等技术的发展，娱乐将突破屏幕的框架，带给人们身临其境的感受。想看演唱会？你既可以去现场，也可以选择在客厅戴上VR设备"传送"到虚拟演唱会现场，与全球上百万观众一起为偶像呐喊——早在2020年，就有一场著名说唱歌手的虚拟演唱会在游戏中吸引了同时在线的1230万观众。未来类似规模的线上演出将更加常见，明星们可能每周都在元宇宙里开唱，粉丝则以数字身份穿戴各种虚拟时尚赴会，场面绚丽胜过现实演出。剧院和电影也将变得沉浸式：走进未来的电影院，也许没有固定座椅和荧幕，你戴上MR眼镜，就被带入故事情节本身——脚下是沙漠，身旁角色栩栩如生，剧情发展还会根据观众的集体互动而有所变化，每场体验都独一无二。线下的娱乐空间也会融入高科技元素，例如主题乐园里到处都是互动式的装置和AR解谜游戏，城市中的博物馆、美术馆则提供混合现实导览，观众可与展品"对话"获得信息，甚至变身历史角色参与情景再现。

另一个趋势是娱乐内容的高度个性化定制。过去大众观看的是同样的影视剧、听同样的音乐，而未来在AI的帮助下，每个人的娱乐"菜单"都将与众不同。首先是推荐的精准化——流媒体平台早已使用算法根据你的喜好推荐影片和歌曲，未来这种推荐将更加懂你于细微。你或许会有一个专属的AI娱乐管家，根据你当天的情绪、空闲时间，动态安排合适的内容："今天心情有点低落，我来为你播放一些轻松的音乐喜剧片段。"更神奇的是，内容本身也可以为你量身打造。得益于强大的生成式AI，电影和游戏的情节不再固定死板。也许同一部互动电影，你看到的结局和角色走向会与朋友的完全不同——因为AI根据你在过程中做出的选择和偏好，生成了属于你的剧情分支。未来甚至可能出现这样一种服务：你可以定制一部以自己为主角的电影，让AI根据你的形象生成数字演员，在你喜欢的剧情类型中历险。想象坐在沙发上观看一出科幻冒险剧，而屏幕上的英雄长着你的脸，与根据你朋友形象生成的配角并肩作战，其台词风格也是你平常的说话方式，这将是多么新奇的体验！

游戏作为娱乐产业的重要部分，也将向更真实和无限创造迈进。云游戏和AI关卡生成让游戏世界规模空前庞大且永不重复，你可以在逼真的模拟城市中随意行动、或者去往程序生成的外星星球探险，每一次登入都有新鲜事物等待发现。玩家与游戏的界线也进一步模糊，许多人在虚拟世界中社交、购物，获得和现实类似的满足感。甚至工作和娱乐都有所融合——例如"玩赚"模式的兴起，让人在游戏中创造价值并获得现实收入。未来的年轻一代也许会把"元宇宙"当作生活中理所当然的一部分：白天学习工作，夜晚化身为虚拟形象进入线上社区狂欢，不受物理世界限制地释放创意。

当然，娱乐的繁荣也带来信息过载和沉迷风险。如何引导人们平衡虚拟娱乐和现实生活将成为社会课题之一。也许未来的智慧城市会像提供健身设施一样，提供"数字排毒"公共空间，让人在自然中放下设备歇息心灵。而AI也可能帮助监测个人的娱乐健康度，适时建议休息或转向户外活动。无论如何，未来的休闲娱乐注定比今天更加丰富多彩，每个人都能在广袤的现实与虚拟场域中找到属于自己的快乐源泉。

～

◆ 健康与养老：智慧照护系统与数字陪伴

随着人口老龄化加剧和人们健康意识提升，未来城市在医疗健康和养老服务上将投入更多智慧，让居民享受全方位、主动式的健康照护。首先，医疗将从被动求医转向主动预测和预防。几乎每个人都会配备可穿戴或植入式健康设备，实时监测体征数据：智能手表监测心率血压、衣服上的纳米传感器分析汗液成分、甚至牙齿里的芯片检测唾液中的血糖水平。一旦某项指标出现异常苗头（例如心律不齐、血糖飙升），设备立即将数据发送云端AI医生。AI经过大数据训练，能准确判断这是否是疾病征兆，并及时提醒用户就医或自主采取措施。在家中，智能马桶和浴室镜子也成了健康助手——前者分析代谢产物提供营养和肠道健康建议，后者内嵌的摄像头每天扫描你的皮肤、眼睛、舌苔等，AI以中西医结合的方式评估你的健康状态。这样，在疾病还未成形时就提早干预，将极大延长人们的健康寿命。

真正需要医疗服务时，未来城市的智慧医疗体系也将显著提升效率和可及性。轻微的不适，你可以先向AI聊天医生咨询，它具备海量医学知识和即时学习能力，已经通过了专业医生考试（未来情境）；AI医生根据你的描述给出初步建议，如需处方则交由线上注册医生复核签字。一些常见药品会由无人零售药柜或送药机器人直接送达你手中。当需要去医院时，流程也高度数字化：智能分诊系统根据你的病情轻重和医院实时负荷安排就医时间，免去漫长候诊；医疗影像由AI预判分析，大幅减轻医生负担并减少误诊；手术则更多由精密的手术机器人执行，医生与机器人协作完成高难度操作，远程专家甚至可以隔着千里通过机器人"主刀"当地患者。对于偏远或行动不便的人群，远程医疗将随处可得——社区卫生站配备5G联机的检查设备，让居民在家门口完成超声、心电图等检查，由大医院专家远程读取分析。所有这些使得医疗服务触手可及且个性化定制，每个人都有一个数字化的健康档案，由AI帮助时刻维护更新。

在养老方面，未来城市将努力做到老有所养、老有所依、老有所乐，通过科技营造有尊严又温馨的养老环境。首先，智慧照护系统将无处不在地守护老人安全。例如，老年人的住宅会安装智能地板和摄像头，当检测到老人跌倒，系统立即通过语音与其沟通并通知紧急救援。如果老人半夜起床忘记关煤气或水龙头，传感器会自动关闭阀门避免意外。穿戴设备还能监测老人的睡眠、心率等，一旦发生心脏骤停等急症，床头的AI助手会立刻拨打急救并施以语音指导的CPR急救节奏。除了安全，老人生活起居也有机器人助手相伴：送药机器人按时送上当天药盒并提醒服用；伴餐机器人可以与独居老人共进晚餐时聊天解闷并监测进食量；扫地机、洗澡辅助机械臂等帮忙打理家务和个人清洁。日本等国已经在养老院引入一些护理机器人，如可以辅助移动和康复训练的机器人，极大减轻护理人员压力。未来这些设备将更智能和经济，逐步进入普通家庭。

精神层面的陪伴同样重要。为此，未来的老人将不会缺少数字陪伴。他们可以拥有一个AI驱动的社交机器人或虚拟助手，如同贴心朋友一般全天陪在身边。以色列研发的ElliQ就是这样的人工智能伴侣，它通过拟人化的交流陪伴独居长者聊天、提醒服药和运动，被使用者视作"有温度"的朋友。一些老人甚至给机器人宠物取名，和它对话、抚摸它毛茸茸的外形，从中获得情感慰藉。研究表明，这类AI伴侣能够有效缓解老人的孤独感和抑郁倾向。未来的数字伙伴将更懂人性：它会记住老人的生活琐事和爱好，主动讲起老人年轻时的往事照片、播放TA喜欢的老歌；它还能用幽默的语气督促老人锻炼，或在老人烦躁失眠时讲故事安抚。对于失智老年人，AI陪护还能起到认知训练和安神作用——当老人忘记事物时，机器管家耐心地一遍遍提醒而不厌其烦；当老人产生幻觉妄想时，机器人温柔地将其注意力引导到愉快的话题上。这种数字孝亲的新模式，让每一位老人都能享受个性化的照料和情感关怀，即使子女远在他乡也无需担心无人陪伴。

医疗科技的进步不仅在于照护当下，还在尝试延缓衰老、延长寿命的突破。全球各地的科学家和生物科技公司正致力于破解衰老机理，开发所谓"长寿药"和疗法。例如，一些针对清除衰老细胞的"守门人药物"（又称减衰老药）在动物试验中展现了惊人效果：两款抗癌药物组合就使小鼠寿命延长了约30%，且延缓了肿瘤出现和器官机能退化。类似地，基因编辑技术有朝一日可能用于修复与衰老相关的基因缺陷；干细胞疗法则希望替换老化的细胞让机体重获新生。虽然人类真正长生不老仍是神话，但延缓衰老技术的发展，预示着未来人们或许能健康地多活5年、10年甚至更久。到那时，城市中的老年人口比例将进一步提高，但他们也更加健康有活力，继续以各种方式参与社会。养老的概念也会被重塑——也许"退休"不再是生命走向沉寂的标志，而是人生新阶段的开始：老年人通过网络继续学习新知识、发展爱好，甚至创业或参与公益，在数字社会中焕发"银发价值"。

综上所述，未来城市提供的健康与养老支持将是无微不至且智慧高效的。人们从出生到年迈都被数字化的医疗和照护网络温柔守护着，同时也因科技的进步而拥有更长的健康人生。在这样的环境中，每个人都能更安心地追求自己的梦想，因为无论年轻或年老，城市都在背后成为坚强的保障和温暖的依靠。

结语：面向未来的机遇与责任

未来城市与未来生活方式的图景充满了令人向往的可能性：城市更聪明、更绿色，生活更便利、更自由，个人拥有更广阔的舞台去实现价值。然而，这一切美好的实现，并非自动发生。它需要今天的我们以未来意识积极参与塑造。对于创业者而言，未来城市孕育着无数创新机会——从智慧交通到虚拟娱乐，每一项变革都可能诞生新产业、新领军企业。对于白领和学生而言，未来生活方式意味着技能需求的转变和终身学习的重要：掌握数字工具、适应远程协作、多元文化交流，将成为基本素养。我们每个人也需要思考：在这样的未来城市中，我们希望扮演怎样的角色？是技术的创造者还是善用者？是社区的组织者还是积极参与者？

同时，我们也应保持清醒和审慎。技术带来便利的同时，也可能带来隐私、安全、伦理方面的新挑战。智慧城市的大脑会如何使用我们的数据？无人世界里人际联系如何维系？长寿时代我们如何保持生命的尊严和意义？这些问题都需要我们未雨绸缪，建立相应的制度规范和道德共识。在追逐技术乌托邦的路上，不能忘记以人为本的初心。正如我们所畅想的，未来理想的城市不只是高楼林立、黑科技加持的智能空间，更应该是一个让生活其间的人们感到幸福和有归属感的共同体。科技终将服务于人的解放与发展，让我们摆脱繁重琐事，有更多时间关照彼此、追求梦想。

站在当下展望未来，我们既是未来城市的建设者也是未来生活的体验者。愿这一章关于未来的畅想，能激发你的想象力和行动力。在变革浪潮面前，每个人都有机会也有责任参与塑造明天的世界。让我们张开怀抱迎接未来城市的到来，同时问问自己：当未来成为现在，我们准备好成为创造美好生活方式的超级个体了吗？

扫码体验未来城市之旅

第九章 数字人格与身份哲学

"社交网络的力量在于，它让人们能够连接、分享和创造以前不可能的东西。"

—— 马克·扎克伯格（MARK ZUCKERBERG）

数字时代，人类的身份认同正面临前所未有的挑战与拓展。过去，一个人的"身份"通常由名字、外貌、社会角色等实体要素定义；而在当今，随着生活日益在线化，我们每个人都可能拥有多个"数字人格"。同时，人工智能的发展甚至带来了"数字永生"的可能——人在去世后，其数据和算法生成的数字形象依然可以存在于世。这一切迫使我们重新思考："我"究竟是谁？当我的一部分存在于虚拟空间，当记忆可以被保存和复制，自我的边界又在何处？

数字人格的兴起

互联网赋予了我们塑造多重身份的机会。在社交媒体上，我们精心打造个人形象，或真实或理想化；在游戏和虚拟社区中，我们可以化身为完全不同于现实的角色；在工作领域，我们又以专业身份示人。这些在线身份与现实身份共同构成了现代人的多维形象。某种程度上，每个人都是一个"多人格实体"，只是在不同情境下切换展现其中的一面。

数字人格的兴起带来了许多有趣的现象和问题。比如，有人线上活跃开朗，线下却内向寡言；也有人在匿名环境中表现出与实名身份截然不同的性格。长期经营的网络人格甚至会反过来影响现实中的自我认知——当你的社交账号粉丝众多，你是否会逐渐把自己等同于那个"人设"？当一个网红在镜头前总是积极阳光，他私下可能承受着维持形象的压力。这说明，虚拟人格不再只是简单的假面，它与我们的真实自我互相交织、影响。

此外，数字人格也引发社会伦理的新讨论。如果有人在虚拟社区里犯了错，这种行为应如何看待？虚拟世界中的欺诈、霸凌，给现实中的受害者带来真实伤害，却很难用传统法律追责匿名的"虚拟身份"。未来，我们或许需要给数字人格赋予某种法律地位或规则，使其在虚拟空间的行为能够被规范。同时，个人也需要学会平衡多重身份，避免在虚拟与现实的错位中迷失自我。

随着元宇宙等概念兴起，数字人格变得愈发复杂。在一个高度沉浸的虚拟世界里，人们可能花费大量时间运营自己的虚拟形象，经营虚拟财产和人际关系。这些投入和经历会让虚拟人格的分量越来越重。有报告指出，部分年轻人表示他们在虚拟社区中感受到的成就感和归属感毫不逊于现实生活。这意味着，我们必须正视数字人格对心理和社会的真实影响。学校和家长需要教育年轻一代正确看待线上身份与线下自我的关系，引导他们既享受虚拟世界的创造力，又不至于沉溺其中无法自拔。

虚拟化身与自我延展

伴随着 AR、VR 和元宇宙的发展，我们将越来越多地以虚拟化身（avatar）的形式活动于数字空间。这些虚拟化身可以是逼真的 3D 人物，也可以是卡通形象，甚至是抽象符号，但无论形态如何，它们都承载着我们在数字世界中的存在。有时，我们会发现自己在虚拟世界中表现出的性格爱好，与现实有所不同。这是因为虚拟环境提供了前所未有的自由，让我们可以尝试新的行为模式，不受现实身份的束缚。

这种自我的延展既令人兴奋，也带来困惑。当你的虚拟化身在元宇宙中经历了一段感情、一场冒险，对于你本人来说，那记忆和情感是真是假？如果你在虚拟世界取得了巨大的成就（例如，成为某款游戏的世界冠军、在虚拟社群中拥有崇高地位），这些是否会反映到现实生活中的自我价值感？研究表明，人类的大脑对于虚拟经历和真实经历的反应有时非常相似，一些在 VR 中形成的恐惧或欣喜，会真实地影响我们的心理状态。这意味着，我们需要逐渐承认虚拟生活也是真实生活的一部分，虚拟化身也是自我的一种延伸。

与此同时，虚拟化身的出现还带来身份盗用和深度伪造（deepfake）的问题。AI 可以生成以假乱真的人脸和声音，使得有人可能冒充你的数字人格去做事。这对我们的身份安全提出了挑战：未来，当你在网上遇到一个酷似好友的"人"，你要如何确认他真的是本人？我们可能需要新的身份验证技术，如区块链身份 ID 或生物特征绑定数字身份，来确保虚拟社会的信任基础。在这一点上，技术本身也提供了解决思路——例如，去中心化的身份认证系统（DID）可以让用户掌握自己数字身份的验证权限，不依赖单一平台背书，从而降低身份被冒用的风险。

现实中，深度伪造技术的滥用已经引发关注。2023 年，各国纷纷加强了对 AI 换脸、AI 合成声音的监管，要求明确标注 AI 生成内容，禁止未经允许冒用他人肖像和声音进行商业或欺诈活动。这表明社会正在正视虚拟身份风险，并尝试建立规范，以便在享受虚拟化身乐趣的同时保障个人权利。

数字永生与身份延续

也许最富哲学意味的议题是数字永生。随着数据存储和AI模拟技术的发展，一个人有可能在肉体消亡之后，以数字形式"存在"下去。举例来说，有创业公司正在收集用户生前的社交媒体内容、聊天记录、照片视频等数据，并训练出一个AI，能够在你离世后模拟出与你相似的谈话风格和记忆片段，与家人朋友聊天。这类听上去科幻的计划已经在试验，例如Eternime等项目旨在打造你的"数字替身"，让你的回忆和故事通过AI永存。

事实上，大公司也开始尝试相关技术。微软在2021年曾获得一项专利，内容是利用个人的图像和语音数据，打造出一个聊天机器人版的"你"，可以在你去世后与他人对话。同年，一档韩国纪录片通过VR技术让一位母亲"见到了"逝去的女儿的虚拟形象，场面令人唏嘘。这些尝试引发了公众对于数字永生的激烈讨论：一个AI模仿的"你"，算是你吗？它或许拥有你的声音和部分记忆片段，但缺少真正的主观意识和灵魂。那么，当你的家人在安慰中与之交流时，这种交流的意义为何？它是在治愈伤痛，还是在延长告别的过程？此外，如果一个人的思想可以数字化上传，假设未来真的实现了全脑模拟（即仿真出一个有自我意识的数字大脑），那个数字意识又算不算延续了原本的你？人类自古以来对永生的向往，正因为科技而迎来前所未有的实现途径，却也逼我们直面"自我"的定义：灵魂是独一无二且不可复制的吗？还是说，一个人的本质其实可以转移载体？

除了个人层面，数字永生还牵涉社会层面的影响。如果许多人选择让自己的数字形象在去世后继续存在，未来的社交网络中可能充斥着"活人"与"数码人"并存的局面。我们的伦理和礼仪需要做出调整：对待一个逝者的AI，我们是将其视作逝者的遗物、还是视作一个新的数字生命来尊重？法律上，数字人格是否拥有继承财产、签署合同等权利？这些目前都还是未知数，但随着技术的发展，我们迟早需要给出答案。

针对这些问题，已经有国家开始行动。比如，日本和韩国探讨制定有关"数字遗产"和"数字遗嘱"的法律框架，明确个人数据在死后的处理和所有权归属。欧盟的《数据治理法案》也考虑了用户去世后的数据权益问题。可以想见，围绕数字永生，我们将看到技术、法律、伦理之间复杂的博弈和平衡。

伦理与身份认同的再思考

数字人格和数字永生的出现，把哲学关于自我和身份的问题推到了聚光灯下。我们开始意识到，"我"并非一个固定不变的实体，而更像是一个连续而动态的过程——由生物本能、社会互动、记忆和现在的选择共同编织而成。当这个过程可以部分地记录、复制、延展到数字世界时，我们必须重新定义其中的界限与原则。

伦理维度上，我们需要确保人类在追求身份延展和永生时，不违背基本的人性尊严。比如，假如能够复制一个人的意识，我们是否有权利未经其生前明确同意就这样做？一个由AI维系的数字人格，有没有权利"不被关闭"或要求自我决定？再比如，当AI可以合成逝者的形象，我们是否应该设置某种限制，防止这项技术被滥用于诈骗或不当目的？这些问题已经引起伦理学者和政策制定者的关注，部分国家开始讨论数字遗产和数字遗嘱的法律框架，以规范死后数据的处理。

在身份认同层面，我们每个人也需要进行再思考和调适。也许未来的某一天，你既拥有血肉之躯的自己，也拥有若干数字替身；你既活在当下，也通过数据让一部分自己活在"未来"。当数字自我与现实自我交织，我们要学会在不同身份间切换而保持心智的稳定。这需要心理韧性和自我反省：明白虚拟成就并不必然等同于现实价值，学会将数字体验融入但不吞没真实人生。教育和社会宣传在这里扮演重要角色——帮助公众提升数字身份素养，既充分利用数字人格带来的便利和机遇，又避免其负面影响。

可以预见，随着人机融合与数字身份技术的不断演进，"人是什么"的古老哲学命题将被赋予新的内涵。我们或许需要创造出新的概念来描述那种线上线下交织、生前身后延续的自我，比如"扩展自我""数字自我"等，并在法律和伦理上为之提供定义和保障。无论如何，我们应当秉持以人为本的初心，让技术服务于人对身份与意义的追寻，而非让人被技术塑造成迷失自我的躯壳。

总而言之，数字时代带来的身份挑战既令人眼花缭乱，又发人深省。它拓展了我们的存在方式，也要求我们以同样的步伐拓展对于自我、生命和价值的理解。面对数字人格和永生这样的未来图景，我们要有勇气提出困难的问题，并集体寻找答案。只要牢牢把握住人的尊严与福祉这条红线，我们就有机会让科技成为丰富自我的工具，而非消解自我的陷阱。在数字洪流中保持清醒，"成为更好的自己"依然是科技应该服务的终极目标。

10

第十章 技术失控与国家的边缘化

"网络将审查制度解释为损害和绕过审查制度。"

—— 约翰·吉尔莫（JOHN GILMORE）

当技术的发展速度超越了传统政权的管控能力，国家这一现代社会的基石也开始出现动摇和边缘化的迹象。超级个体时代，个人与非国家组织获得的权力不断上升，相对而言，国家在某些领域的影响力正悄然减弱。本章我们将分析当科技超速前进、全球化深入发展的背景下，国家权力为何会因税收流失、人才外流等因素而日趋衰弱，以及这对世界政治格局意味着什么。

科技飞奔，监管滞后

技术革命往往让法律和监管措手不及。互联网、加密货币、人工智能……每一种新技术在诞生之初，往往游离在现有法律框架之外，给国家治理带来难题。以互联网为例，它打破了国界，使信息可以自由流动。传统上，各国政府依靠对信息传播的控制来维护秩序和主权，但在网络时代，这种控制力大打折扣。社交媒体上的一则帖子可以引发跨国舆论风暴，加密通信让执法机构难以监控犯罪活动。国家试图封锁、审查某些内容，往往会遭遇技术性的对抗手段（如VPN、去中心化网络等），形成"道高一尺，魔高一丈"的局面。

人工智能的兴起进一步凸显了监管滞后的问题。AI算法可能导致隐私泄露、偏见歧视甚至自动化武器威胁，但制定相关法律规范通常需要漫长的过程，而科技公司早已在全球范围内部署了他们的产品。当某国政府意识到问题试图干预时，技术可能已经演变出新形式或转移到管控较松的地区。科技以指数级前进，而政策以线性速度跟跑，这使得国家在科技治理上常常处于被动。

一个显著例子是加密货币。比特币等私人数字货币绕过了央行体系，使得政府对货币发行和资金流动的传统掌控力下降。一些国家选择严厉打击、禁止加密货币交易，但这往往驱赶了本国的创新者和资本，却难以真正杜绝加密交易在地下滋长。另一些国家则尝试接受并监管，比如推出国家数字货币（CBDC）与之竞争。然而，无论态度如何，政府在这一波技术潮流中都丧失了以往可轻易行使的绝对权威，需要在市场和创新者的博弈中寻求妥协。技术正在局部地"失控"，亦即脱离传统主权的控制范围。

人工智能、区块链等技术还催生出许多跨国界的平台和社群，它们的行为不受某一国法律完全约束。例如，去中心化的社交网络能让用户避开言论管制，自主地交换信息；全球性的协作创新社区则可能对国家的政策限制置若罔闻。这些都进一步削弱了国家试图单方面管理科技的能力。各国政府开始意识到，仅凭一己之力难以监管全球化的技术，于是出现了跨国合作的苗头，比如20国集团就曾讨论制定加密资产的共同规范。但在地缘政治竞争的背景下，要形成统一的规则绝非易事。因而，在可预见的将来，"监管永远慢半拍"可能成为新常态，国家需要学会在不确定中寻找新的治理策略。

税收流失与财政挑战

国家赖以运行的血液是税收。然而在数字经济时代，征税变得愈发困难。一方面，数字产品和服务的跨境交易避开了许多传统税收机制。大型跨国科技公司常利用各国税法差异，将利润转移到低税率地区，导致许多国家即便国内有大量用户贡献了利润，却收不到相应税款。例如，某社交媒体巨头在某国拥有数千万用户，却可能因为总部设在他国而缴纳极少的本地税收。这让各国财税部门颇为头疼。

另一方面，个人层面上，越来越多高收入者成为数字游牧民，在不同国家之间移动以优化税负。他们通过精心规划居留时间和利用各国税法差异，合法地降低缴税义务。这意味着一些高税收国家正在流失他们最希望留住的税基。以往，人们为了工作和生活不得不定居某地，政府可以相对稳固地获取个人所得税、消费税等收入；但现在，人们完全可以在A国工作、在B国消费、在C国报税，政府想要明确地向"超级个体"征税变得前所未有地复杂。

这直接威胁到了现代国家的财政基础。福利国家模式需要大规模的税收支持公共服务和社会保障，如果高收入群体和企业都成功避税、逃税，政府将面临财政捉襟见肘的困境。即便不是出于恶意逃避，数字经济也自带某种"无形化"的特质：比特币交易、虚拟资产转让等行为很难被传统税务系统捕捉到。各国税务机关不得不研发新的工具，甚至考虑全新的税种（如数字服务税），以便在技术时代维护税收公平和收入稳定。

现实中，我们看到一些国际合作正在酝酿。例如，经合组织（OECD）推动的全球最低企业税率协议，试图堵住跨国公司避税的漏洞，让互联网巨头无论把利润转到哪里都至少缴纳一定税率的税。但要落实这样的协议尚需时日，各国立法和执行也存在难题。在此之前，各国政府只能各显神通：有的加大对数字服务海外收入征税的力度，有的主动降低税率以留住企业和富人。无论哪种方式，都反映出传统税收体系正面临前所未有的压力测试。

人才外流与主权竞争

除了金钱，人才是国家实力的另一重要支柱。而在超级个体时代，顶尖人才比以往更具流动性和自主性。数字化工作方式使得人才可以自由选择栖息地，哪国的政策环境、生活质量更吸引人，他们就可能移居到那里。对于一些管理僵化、税负沉重或社会环境不佳的国家来说，这无疑敲响了警钟：人才用脚投票，一旦精英大量流失，国家竞争力将大受影响。

近年来，我们已经看到不同国家为争夺人才展开激烈竞争。一些国家和城市推出了诱人的"科技人才签证"或优惠政策，希望吸引创业者、研究人员落户。例如，新加坡、爱沙尼亚等以开放的态度欢迎数字创业者，同时提供税收优惠和优质公共服务，让人才心甘情愿为其效力。相反，如果一个国家试图通过高压管制来把人才"留住"，结果往往适得其反：越是限制多、成本高的地方，越会激发人才的出走意愿。

人才外流不仅削弱国家的创新能力，也进一步导致本土企业和资本的外迁，形成恶性循环。尤其在AI等前沿科技领域，顶尖人才高度集中且供不应求，谁能提供更自由的发展空间，谁就占据优势。国家主权在一定程度上进入了新形式的竞争：不再仅仅是比拼军事实力或经济总量，而是比拼对个人价值实现的支持度。能够让超级个体安心发展的国家，将收获他们的贡献；反之，忽视个体需求的国家，将被时代抛下。

为应对人才竞争，一些大国开始调整策略。例如，中国近年来出台了一系列吸引海外华人科学家的计划，同时改善科研环境，以减少人才外流。欧洲的部分国家则着力打造区域科技中心，通过英语友好的环境和创业支持计划吸引国际人才。可以预见，未来国家之间对人才的争夺将更趋白热化，甚至可能出现国家之间相互"借人"的局面——通过跨国合作项目、双重国籍便利等方式实现人才共享。无论形式如何，人才流动格局的改变都会影响全球创新版图，国家角色必须随之调整。

国家角色的再定位

面对上述种种挑战，国家并非只能坐以待毙，而是需要重新思考自身的角色和运行方式。历史经验表明，每当传统机制失灵，社会都会探索新的制度创新。今天，各国政府也在尝试调整，以在超级个体时代寻找新的立足点。

一种思路是转变治理理念，从过去的"管控者"转向"服务提供者"。既然个人自主性增强、选择增多，那么政府需要以更好的服务来赢得公民的"忠诚"。这意味着精简官僚流程、提升行政效率，把公民当作客户来对待。比如爱沙尼亚通过推进数字政府，让公民几乎所有事务都可线上办理，吸引了全球数字人才申请其电子居民身份；迪拜提出"政府最后一英里"计划，主动为居民预见需求、送政务上门。这些举措都是在用服务留住人心。

另一种思路是主动拥抱去中心化趋势，与其抗拒不如利用。政府可以支持本国企业和公民参与区块链、DAO等创新，在确保安全的前提下成为技术发展的伙伴而非敌人。比如，一些国家开始探索使用区块链提高政府透明度，或发行官方认可的数字货币以满足市场需求。这样既避免被技术边缘化，又能保留一定引导权。

国家还可以发挥自身独特的优势：统筹资源应对大型危机和提供公平正义。即使在超级个体崛起的未来，国家依然是灾害救援、公共卫生、安全保障等领域最有效的组织者之一。国家角色可能从"全面管家"转变为"最后托底者"——当市场和个人无法解决某些集体行动难题时，国家依然需要挺身而出提供制度保障。此外，国家可以扮演协调者，在技术企业、个人和国际组织之间斡旋，制定大家都能接受的基本规则。比如在AI伦理、数据隐私等跨国议题上，国家可以推动多方对话，建立行业标准或条约，让创新在有序环境中发展。

国际上，也许未来会出现新的联合与竞争模式。城市与城市之间、地区与地区之间可能组成跨国联盟，共享经验和资源；同时，不同治理理念的国家集团也可能形成阵营，在全球舞台上博弈。例如，一些推崇个人数字权利的国家或地区，可能结成"数字自由联盟"，在国际标准上发声；而强调主权控制的国家则另组阵营，主张互联网和数据的国家主导权。这些动向都会影响传统民族国家在全球体系中的地位。

总的来说，超级个体时代不会让国家瞬间消失，但必然推动其转型。从某种意义上讲，我们正处于一个"国家进化实验"的开端：那些能适应技术力量崛起、重新定位自身职能的国家，有望继续繁荣；而墨守成规、不思变通的国家，则可能陷入影响力衰退的困境。对于公众而言，我们也需要在国家与个人的新关系中寻找平衡——既维护国家作为公共利益守护者的必要地位，又确保个人的创造力和自主权得到尊重。当国家不再高高在上，而是成为公民的伙伴，我们或许会迎来一种全新的社会契约形态。

11

第十一章 数字城邦与去中心化组织

"权力下放意味着，作为'肥胖中间商'的机构将被更精简的机构压垮，这些机构以正确的方式做事并增加——或至少不降低——价值。"

—— 维塔利克·布特林（VITALIK BUTERIN）

随着超级个体的崛起和国家传统权威的削弱，新型的社会组织形态正在萌芽。有些人开始畅想：未来或许不再由传统民族国家主宰，而是由更灵活、多元的组织单元构成。其中，数字城邦、去中心化自治组织（DAO）以及个人主权联盟等概念，代表了对未来社会组织的一种全新想象。本章将展望这些新型组织如何兴起，以及它们是否可能取代民族国家，成为社会运作的基本单元。

数字城邦的兴起

"数字城邦"指的是基于数字网络和共同价值观而形成的虚拟社区，它类似古希腊城邦那样具有强凝聚力，但其成员可以遍布全球。与传统国家按地理划分不同，数字城邦更多是按理念和利益划分。想象一个去中心化的"城市"，它没有固定疆域，其公民来自世界各地，只通过互联网联系在一起。这些公民可能因为认同同一种文化、遵循同一套规则或致力于同一个项目而聚合。他们在线上治理自己的事务，甚至线下定期举办聚会或共建定居点。

这一概念正在从理想到现实转化。比如，科技思想家巴拉吉·斯里尼瓦桑提出了"网络国家（Network State）"的构想：由志同道合者在互联网上集结，形成有共同愿景的社区，通过区块链等技术进行治理，当规模足够大时，再与传统国家谈判获取某种承认或领地。近些年，一些原型已经出现：爱沙尼亚的电子公民计划让全球公民能参与其数字国家服务；"比特共和国"Liberland试图在欧洲建立基于加密经济的新型国家；还有一些硅谷团体购买海上平台或海外土地，打造自治的微型城邦。虽然这些尝试大多还处于早期阶段，但它们体现了人们对更灵活政治单元的渴望。

数字城邦的吸引力在于，它有望提供更高的自治度和参与感。公民可以直接参与城邦的规则制定（通常通过在线投票、论坛讨论等形式），公共事务决策更加透明民主。城邦内的关系主要建立在契约和共识基础上，而非地缘和血缘。这意味着，只要你认同这里的价值观，你无论来自何处都可以加入；反之，如果不再认同，也可以随时退出迁往他处。这种"自愿组合"的社会组织，为个人择居提供了全新选项。

当然，数字城邦也面临重大挑战。它需要解决与现实世界的对接问题——如何获得合法地位，如何管理公共资源，如何防务和外交等。此外，在缺乏地理纽带的情况下维系成员的凝聚力，也考验着组织者的智慧。然而，无论最终形态如何，新型城邦的探索正如火如荼，它预示着未来国家形式可能谱写出超出我们想象的新篇章。

DAO：无边界的自治组织

去中心化自治组织（Decentralized Autonomous Organization，简称DAO）是伴随区块链技术出现的一种新型组织形式。它本质上是一群人在互联网上通过智能合约协作的一套规则，组织的决策和运作由代码执行，且没有传统的金字塔式管理层。DAO可以视作数字时代的合作社或社团，但其成员可以遍布全球，且任何规则变更都透明记录在链上，需成员投票同意才能生效。

DAO的魅力在于其高度的开放和平等。任何拥有互联网和持有该DAO代币（或证书）的人都可以参与投票决策，贡献力量。DAO能够用于各种目的：有的DAO管理着开源软件项目的资金，有的DAO投资艺术品或加密资产（如有名的PleasrDAO购买著名艺术品版权），还有的DAO甚至尝试竞买美国宪法原件（ConstitutionDAO便曾因众筹竞拍宪法文本引发轰动）。这些组织在没有正式公司实体、没有CEO的情况下，依靠代码和共识运行，实现了传统上由企业或社团才能完成的事情。

想象未来，DAO可能在更多领域取代传统机构：比如社区DAO可以负责街区的公共事务，居民通过投票决定治安巡逻和环境美化；行业DAO联合来自世界各地的自由职业者，共同制定行业标准并接洽业务，无需一个中心公司统筹。一些观察者认为，DAO将是继公司制之后，人类协作的又一次飞跃式创新。它打破了组织必须受制于单一司法管辖和实体存在的限制，真正做到"云端治社"。

然而，DAO目前也处在探索期，遇到了不少问题。由于匿名和全球参与的特性，DAO内部缺乏信任时可能出现投票被操纵、资金被盗用等风险。一些DAO因为智能合约漏洞被黑客攻击，损失惨重。另外，DAO如何与现行法律体系互动也不明确，很多国家还不承认它们的法律地位。这些都需要时间和实践去解决。尽管如此，DAO作为一种去中心化组织范式，展现出的生命力和适应性令人印象深刻。据统计，截至2023年，全球已涌现超过1万个活跃DAO组织，它们共管理着数百亿美元的加密资产。这表明，即便在挑战下，DAO生态仍在快速成长，吸引着越来越多人的参与。它预示着未来大型组织不一定需要强有力的中心领导，由群体智慧和规则自执行也能运转良好。

个人主权联盟：松散的个人联合体

除了数字城邦和DAO，还有一种更松散的组织形态在逐渐浮现，可以称之为"个人主权联盟"。这指的是个人之间基于共同利益或目标形成的网络联盟，不一定有明确的组织架构，但在需要时可以团结行动，形成合力。与数字城邦相比，个人主权联盟可能更加灵活，无固定成员名单或章程，而是一种动态的协作关系。

一个例例是全球自由职业者社区。数以百万计的独立个体通过平台和社群互相交流信息、介绍工作机会、维护职业权益。当某国推出不利于自由职业者的政策，这些个人会自发在网上联署请愿、争取改变。他们不属于一个正式的工会或协会，但在事实上组成了某种联盟，共同捍卫自身利益。又如，加密货币持有者在面对监管压力时，会跨国界联合发声，影响政策讨论。这些联盟可能没有注册的实体，却能够产生实实在在的政治和经济影响力。正如开源软件社区可以抗衡商业软件巨头一样，这些个人联盟也能在某些议题上迫使当权者让步。

个人主权联盟的兴起，标志着个人力量通过网络连接后可以超越传统组织的束缚。过去，个人要影响宏观事务，往往需加入政党、协会等；而现在，一条推特标签运动或众筹项目，就能号召全球志同道合者参与，形成"无形的同盟"。这既是个人主权扩大的一种体现，也对传统权威提出了挑战。政府和大企业发现，他们面对的不再是散沙般的个人，而是一张张去中心化的联盟网络。此前提到的开源运动、社交媒体上的社会运动，都说明个人通过网络联合可以形成可观的力量。

当然，松散联盟的弱点在于缺乏长期凝聚力和明确代表，内部意见也可能多元难以统一。因此，它们往往针对具体目标暂时结成，任务完成后联盟就自然解散。但即便如此，这种临时联合的模式在未来社会将屡见不鲜。个人主权联盟为超级个体们提供了一种"抱团"途径，让他们在保持各自自由的同时，也能享受团结带来的安全与力量。

展望未来，我们或许会看到个人主权联盟与传统制度的互动更加频繁。比如，某些全球议题（环境、网络自由等）上，个人联盟可能通过舆论和经济影响力迫使国家让步或合作；反过来，一些开放的政府也可能主动吸纳个人联盟的建议，将民间智慧融入决策。在理想情况下，这将促成一种更开放多元的社会治理生态：国家、企业、社区、个人多股力量交织，共同塑造公共政策和社会走向。

12

第十二章 超级个体的角色与冲突

"没有改变，进步是不可能的，那些无法改变想法的人无法改变任何东西。"

— 温斯顿·丘吉尔

"超级个体"作为时代的新生力量，在推动技术、经济、社会结构和伦理秩序重构的同时，也引发了一系列矛盾冲突。每一次巨大的变革都伴随着阵痛，超级个体时代也不例外。本章将审视超级个体在这场剧变中扮演的角色，以及因此引发的各种矛盾：社会不平等可能加剧、新的政治动荡涌现、既得利益群体的反弹和可能出现的反抗运动等等。在此基础上，我们也探讨个人应对这些冲突与挑战的选择。

社会不平等的新层面

技术进步往往是一把双刃剑：它创造新财富的同时，也可能带来新的不平等。超级个体时代，一部分积极拥抱AI和新科技的人将获得远超常人的能力和机会，这使得社会阶层的流动性和差距呈现出新的特征。传统的不平等多由财富、教育、出身决定，而未来的不平等可能更多地体现在"技术赋能度"上——那些掌握并利用AI的人，与那些未能跟上的人之间的差距。

我们可以预见，一位精通AI工具的专业人士其工作效率可能是未用AI同行的十倍；一个懂得运用数字平台创业的人，收入可能远超墨守成规打工的人。久而久之，"技术精英"和"技术弱势群体"之间的断层线会逐渐显现。在国家内部，城市中善用科技的阶层与乡村中缺乏数字资源的人群之间，生活质量和前景将拉开差距。在国际上，率先进入超级个体时代的国家或地区与尚未跟上的地区之间，发展鸿沟也可能扩大。

这种不平等的新层面需要引起警惕。它并非传统意义上富者愈富那么简单，而是涉及到一种能力和权力的差距：当一部分人几乎成为"增强人类"（augmented humans），而另一部分人还停留在旧有模式中，社会凝聚力和共同价值可能受到冲击。如果处理不当，这种差距会转化为社会紧张甚至对立。一方面，技术精英可能因掌握资源而进一步巩固优势，在政治和舆论中话语权更大；另一方面，感觉被抛下的群体可能滋生不满，认为自身权益受损。

要避免新不平等撕裂社会，政府和社会机构需要及时作为。例如，通过普及高质量的技术教育，让更多人有机会成为"超级个体"而非被时代抛弃；通过税收和福利制度调节因技术造成的收入失衡，探索向全民基本收入这样的新政策来保障基本生活。技术企业也有责任降低创新门槛，把强大的工具以亲民的方式提供给大众。对个人而言，则要有忧患意识，不断学习新技能，避免固步自封。只有这样，我们才能在享受技术红利的同时，尽量维护社会的公平和包容。

同时，国际层面也需要合作来缩小技术鸿沟。发达国家可以向发展中国家分享AI教育资源和基础设施建设经验，帮助后者培养数字人才、搭建网络平台。全球性组织（如联合国）也可倡导"技术普惠"原则，敦促科技巨头在产品设计中考虑弱势群体的需要。这些努力并非一朝一夕可见效，但却是在超级个体时代维持社会稳定和道义正义的必由之路。

既得利益与新卢德主义冲突

每一次大变革都会触动某些群体的奶酪。超级个体的崛起和去中心化趋势，自然会遭遇既得利益者的抵制。历史上，工业革命时期曾出现"卢德主义"——手工纺织工砸毁机械以抗议机器抢走工作。而在AI和自动化浪潮下，新卢德主义情绪也在酝酿：受到冲击的行业和人群可能走上街头，要求放缓技术进程或给予他们更多保护。

我们已经看到了苗头。例如，近年来一些国家的卡车司机、工厂工人对自动驾驶卡车和机器人取代人工的担忧日益增加，工会组织抗议要求立法限制这类技术的部署。传统官僚体系和大型国企等既得利益集团，也可能利用政治影响力游说，阻碍新兴的去中心化组织获取合法空间，以守护自己的权力。例如，金融业强势机构抵制加密金融的兴起，传统教育部门质疑线上个性化教育的正规性等。这些都可能演变为实质的政策拉锯战。

此外，还有更广泛的民粹主义和反全球化情绪可能与技术议题交织。一些政客可能将公众对不平等和就业不安的愤怒引导至"高科技"和"精英"身上，以煽动对超级个体和技术创新的敌意。这样的对立若加剧，社会将陷入撕裂，对国家治理和科技发展都极为不利。

我们可以从历史中汲取教训：破坏机器并不能阻挡技术洪流，关键在于如何帮助人们适应变化。面对既得利益和新卢德主义的冲突，社会需要进行对话和妥协。政府在推动技术应用时，应同步出台安置转岗、技能培训等措施，尽力减少对传统岗位的冲击；企业有道义去承担一部分责任，协助培养员工新技能或提供补偿。对于真正不可避免的岗位消失，要以社会保障兜底。与此同时，需要加强科普和沟通，让公众了解技术进步带来的长远收益，避免被短期恐慌情绪左右。

我们也看到一些积极的探索。例如，在影视传媒行业，人工智能生成内容兴起引发从业者焦虑，2023年美国的编剧和演员集体罢工就部分源于对AI取代创意劳动的担忧。然而，最终达成的新协议中明确限制了AI对演员肖像和编剧创作的滥用，同时也承认了AI作为工具可以提高效率的合理应用。这说明通过谈判，可以找到平衡创新与保护劳动者权益的方案。而在医疗领域，医生与AI共存的模式正逐渐成熟：AI辅助诊断提高效率，但最后决策仍由医生把关，这种协作关系减少了"AI抢饭碗"的对立情绪。可见，只要各方本着共赢的理念，许多冲突是可以缓和甚至转化为进步动力的。

超级个体的回应与责任

超级个体们在这场冲突中也扮演重要角色。正是因为他们往往处于技术前沿，更应以开放态度倾听传统群体的诉求，寻求共赢之道。如果新锐创业者、自由职业者们能与受冲击行业的人开展合作，而非对立，将有助于平稳地推进变革。例如，AI专家与医生携手设计医疗AI，让医生成为AI的受益者而非被取代者；自动化企业与工会对话，共同制定循序渐进的机器替代方案。通过这样的融合，或许能化解部分冲突，实现新旧力量的平稳过渡。

另一方面，超级个体也要有社会责任感。他们因为掌握技术而获得了更大影响力，那么就应该以更强的使命感回馈社会。历史上的精英群体，如果只顾自身利益，往往会加剧社会紧张；相反，那些愿意承担责任、帮助他人的领袖，才能赢得更广泛的支持。在当今，超级个体可以通过创办公益项目、开放技术资源、支持政策对话等方式，为缓解转型阵痛出力。例如，有的AI研究者主动推动"公平AI"标准，呼吁在算法中减少偏见，为弱势群体考虑；一些成功的数字创业者出资成立基金，帮助传统产业工人学习新技能、创业转型。凡此种种，都是超级个体积极参与社会重建的体现。

对于每一个普通人来说，在剧变中保持理性和建设性也十分关键。我们无法阻挡技术演进的车轮，但可以决定自己以何种姿态应对它。抗拒不如拥抱——当变化不可避免，与其消极抵抗，不如主动寻找其中的机遇。例如，如果AI即将进入你的工作领域，与其担心，不如想办法利用AI提升自己的工作效率，或者学习新的技能转型到AI无法替代的岗位。教育、培训资源的丰富也使这一代人比以往更有条件终身学习。心态上的开放，往往能将危机变为契机。

最后，社会各界需要共同维护对未来的乐观与信心。科技进步一旦裹挟负面叙事，容易引发恐慌和对立；但如果我们相信自己的塑造力，就能在曲折中找到出路。超级个体时代的冲突不是简单的"好人坏人"对决，而是新旧观念和利益的碰撞。只要各方愿意沟通妥协，以长远视角看待问题，我们完全可以将冲突转化为改革的动力，使变革的成果由全社会共享。

个人的选择与适应

面对前所未有的变局，每个人都是参与者，也是抉择者。超级个体时代提供了广阔机会，但也伴随不确定性和风险。我们如何在冲突中自处、在巨变中抓住机遇，最终取决于每个人的选择和适应能力。

首先，主动拥抱变化是关键心态。无论你的背景如何，都不能固守旧有舒适区。时代的车轮滚滚向前，拒绝学习和改变只会被甩在后面。相反，如果我们能以积极姿态迎接新知识、新技术，就有可能把冲突化为自己的成长动力。比如，如果你的行业出现AI替代趋势，与其抵触不如思考如何与AI协同工作、提升自身不可替代的技能。教育、医疗等领域有不少从业者正是通过学习数字技能、转型角色，找到了新价值定位。

其次，要保持独立思考与理性判断。在冲突和动荡时期，各种声音此起彼伏，有的鼓吹乐观乌托邦，有的散播悲观恐慌。个人需要练就明辨是非的能力，不盲从极端论调。技术本无善恶，关键在于我们怎么用。我们既不要盲目崇拜技术至上，也不应妖魔化一切新事物。理性的态度是：了解技术原理和趋势，看清其利弊，然后做出适合自己的应对策略。

再次，培养协作和沟通能力尤为重要。超级个体时代不是"独狼"就能成功的时代，恰恰相反，连接和合作是制胜之道。你可能需要跨领域与不同背景的人共事，需要加入社群互助，需要在矛盾中寻找共识。因此，倾听、沟通、谈判这些软技能将比以往更加珍贵。它们能帮助我们化解误解、联结他人，减少不必要的冲突。

最后，也是最重要的，是坚守人文价值和道德底线。技术再强大，我们终归要问：什么才是对人真正有意义的？在激烈竞争中，我们不能丢掉同理心和正义感。超级个体拥有的力量越大，肩负的责任也越大。无论科技如何发展，每个人都应有一种使命感，努力将自己的才能用于推动集体福祉，而非仅谋求私利。当越来越多人做出这样的选择，我们才能将时代的冲突转化为创新的火花，而非撕裂的裂痕。

在超级个体的浪潮中，每个人既是变革的推动者，又可能是受影响者。我们无法置身事外，但完全可以通过选择如何参与来塑造变革的面貌。时代终将属于那些勇于适应、乐于学习、善于合作并胸怀责任感的人。正是千千万万这样的个体，才能引领这场前所未有的转型走向积极光明的未来。

13

第十三章 技术与伦理治理制度

"强大的力量伴随着巨大的责任。"

— 斯坦·李（STAN LEE），1962年《蜘蛛侠》漫画对白人工智能等前沿技术的发展速度之快，让伦理和治理问题变得极为紧迫。当技术具备了强大的力量，我们必须慎思：如何确保它造福人类而非伤害人类？面对AI带来的种种伦理困境，世界各国和各界已经开始行动，探索新的治理框架与制度创新。本章将分析快速发展的技术引发的伦理挑战，以及全球范围内为构建治理框架所做的努力和未来可能的制度创新。

AI伦理的困境

AI技术在带来便利的同时，也引发了一系列伦理难题。例如，AI算法可能存在偏见，导致对某些群体的不公正待遇——曾有面部识别系统对有色人种识别准确率明显偏低，引发歧视担忧；招聘算法可能无意中重复了历史数据中的性别偏见，自动筛选掉女性候选人。这些现象提醒我们，算法并非中立，如果训练数据和设计者存在偏见，AI会将其放大并应用于成千上万的决策中。

隐私问题也是AI时代的核心伦理议题。智能设备和应用无时不刻在收集我们的数据：位置轨迹、通信记录、消费偏好、生理指标等等。如果缺乏透明和控制，个人隐私权将荡然无存。更糟的是，这些数据一旦被滥用，可能导致严重后果，如身份盗用、针对性的操纵和监视社会的出现。

AI自主性的提升还引出责任归属的问题。当无人车发生事故时，责任在乘客、制造商还是算法开发者？如果未来某AI系统做出了危害社会的决策（比如金融AI引发经济动荡），我们该如何追责？传统法律体系很难处理"非人类行为者"的责任问题。

另外，当AI被应用于军事，如自动化武器、无人机，一旦它们获得自主攻击能力，是否违背人道原则？"AI杀手机器人"引发的恐惧催生了国际呼吁，希望禁止能够自主决定杀伤目标的武器。但这在现实中涉及复杂的军备竞赛博弈，并非易事。

所有这些困境都没有简单答案，因为它们往往是技术能力与人类价值之间的矛盾。我们希望AI既聪明又听话，但如何定义"听话"？AI要遵循怎样的价值观，谁来制定这些价值？这是全球伦理学者和技术专家热烈讨论的话题。从"机器人三定律"到"AI价值对齐"理论，人们在努力设定原则，但将原则真正植入千差万别的应用中，依然挑战重重。

全球治理的探索

认识到AI带来的风险，各国政府和国际组织近年来纷纷展开治理探索。尽管每个国家的立场和利益不同，但都有一个共识：AI影响无国界，唯有跨国合作才能有效管控其负面影响。

欧盟一直走在前列。早在2021年，欧盟就提出了《人工智能法案》草案，试图从法律上规范AI的开发和使用。该法案按风险等级对AI应用进行分类，高风险AI（如用于执法、信贷评估等）将受到严格审查和许可，而像人脸识别等被认为对公民权利威胁巨大的应用甚至考虑全面禁止。这一举措被视为开创了AI立法的先河，也表明欧盟希望引领全球AI监管的标准制定。

联合国教科文组织在2021年通过了《人工智能伦理建议书》，提出透明、公正、可持续等原则，倡议各国在AI政策中遵循。这是第一个由政府间组织制定的全球AI伦理框架，具有重要象征意义。与此同时，二十国集团（G20）、经合组织（OECD）等也发布了AI治理的原则性文件，各大科技公司亦成立伦理审查委员会，制定企业内部AI准则。这些努力勾勒出一个多层次的治理网络：国际原则—国家法律—行业规范—企业自律。

然而，治理探索也面临现实障碍。大国间在AI领域既合作又竞争，美国和中国都投入巨资发展AI军民两用技术，要让它们在限制AI武器上达成共识并不容易。文化差异也导致对某些AI应用的态度不同：在欧洲，人脸识别进公共生活阻力重重，而在一些亚洲国家，政府率先采用这项技术管理社会。如何在尊重主权的前提下推动全球统一标准，是巨大的挑战。

即便如此，近年已经出现一些乐观信号。例如，2023年各国科学家和知名企业家联名发布公开信，呼吁全球暂缓训练超强AI模型，以便制定安全协议。这一举动反映出行业内部也意识到失控风险，需要"停一停"共同商议。未来不排除出现类似核不扩散条约那样的AI国际协议，为高风险AI设立红线和监控机制。

此外，一些国家开始着手建立专门的AI治理机构和对话平台。英国在2023年举办了首次全球AI安全峰会，邀请各国政府、企业和专家探讨前沿AI风险，对超级智能的管控达成初步共识。联合国也提议设立一个类似国际原子能机构的"国际人工智能监管机构"，以协调各国行动。这些举措表明，全球层面的治理框架正从理念走向现实。

制度创新与未来展望

要有效应对AI带来的伦理和治理挑战，仅靠调整旧制度还不够，我们需要大胆的制度创新。面对快速变化的技术，我们也许需要更灵活、前瞻性的治理工具。

一种思路是建立"沙盒监管"机制，让新技术在可控环境中测试。比如一些国家对无人驾驶汽车采取沙盒政策：允许其在特定区域、特定条件下试运营，同时由监管部门密切观察，及时调整规则。这种动态监管模式既不给创新一上来套死规矩，又确保风险暴露在可控范围内。类似的思路可以推广到AI领域，例如对于新的医疗AI、教育AI产品，先在小范围试点，在实践中完善监管措施。

另一种创新是多方共治的机制。AI治理不能只有政府唱独角戏，科技公司、学术机构、公众都应参与。可以考虑建立跨领域的常设机构，例如"国家AI安全委员会"之类，成员包括政府官员、顶尖AI专家、伦理学者和公民代表，共同讨论评估重大AI项目和政策。这样的机构可以类似航空安全委员会对航空业的作用，确保AI发展的透明和安全。在国际层面，也需要有类似G20、联合国这样的平台定期讨论AI治理议题，使各国在相对同步的步调下前进。

开源和透明也是重要的制度方向。要求关键AI系统的算法和训练数据接受独立审计，降低"黑箱决策"的风险。目前已经有学者和NGO在推动"算法问责制"，希望立法赋予公众了解高影响力算法工作原理的权利。只有当AI决策过程可以被监督和解释时，我们才能真正对其信赖并纠偏。

在技术层面，解决方案和治理可以相辅相成。例如，研发"可解释AI"算法，在设计阶段就考虑算法的透明度和可审计性；利用区块链记录AI决策流程，确保不可篡改和可追溯；用联邦学习等技术保护隐私数据不出本地也能训练模型，从而减少数据滥用风险。这些技术创新本身也是治理的重要组成部分。

最后，教育与文化建设也是软性制度创新的一环。伦理治理归根结底要落实在人心。我们需要在教育体系中加入科技伦理课程，培养下一代工程师和公民的责任意识。行业内部也要形成崇尚"安全、可靠、负责任创新"的文化，将"不能伤害人"视为和"提高准确率"同等重要的目标。只有全社会形成对技术道德底线的共识，硬性的法律规范才能发挥最大效果。

展望未来，技术与伦理治理将持续拉锯、演进。这不是一场能彻底"解决"的博弈，而更像是一种新常态：每当技术有所突破，我们都要同步升级治理之道，以守护人类核心价值。最理想的未来，并非技术完全自由放任或严厉禁锢，而是找到创新与规范的巧妙平衡。人类社会曾成功应对过电力、核能等强大技术的挑战，我们有理由相信，也能驾驭AI这匹骏马，让它朝着造福全人类的方向奔腾。

在这个过程中，每一位有识之士都可以贡献力量。作为创业者和工程师，要主动将伦理考虑融入产品设计；作为政策制定者，要虚心向技术专家请教，制定科学可行的规则；作为普通公民，则要关注技术发展，勇于发声，参与监督讨论。只有大家共同参与，我们才能建立起适应新时代的伦理治理制度，让技术真正为人类的长远福祉服务。

14

第十四章 AI与心理健康

"我们对技术的期望更高，对彼此的期望更低。我们创造技术来提供陪伴的错觉，而不需要友谊。"

—— 雪莉·特克尔（SHERRY TURKLE）

在人工智能飞速发展的时代，人类不仅面临着外部社会经济的变革，也承受着内在心理世界的挑战。科技改变了我们的生活节奏、人际交往方式和对自我的认知，由此带来的心理压力和适应问题日渐凸显。同时，AI也为解决心理健康问题提供了新的手段：智能疗愈应用、线上心理咨询机器人等等纷纷涌现。可以说，技术对心理健康既可能带来纾解，也可能引发新的困扰。本章聚焦人工智能时代下人类心理健康的新课题，讨论技术如何既可能缓解又潜在加剧心理问题，并提出积极的应对之道。

科技时代的新心理压力

现代人正经历着一系列前所未有的心理压力来源。首先是信息过载与注意力稀缺。每一天，我们被海量的信息轰炸：工作消息、社交动态、新闻推送争相抢占我们的时间和大脑。注意力被不断切割、分散，很多人因此感到焦虑和疲惫。这种"数字时代的心累"在医学上已有名词——信息焦虑症。人们担心错过任何消息（FOMO心理），又无法真正消化巨量信息，长期下来，专注力下降，内心烦躁不安。

这一现象在年轻人中尤为明显。调查显示，高达95%的青少年使用社交媒体平台，近三分之二的青少年每天都在使用社交媒体，其中约三分之一几乎"时时刻刻"在线。在这样的环境下，大脑几乎没有喘息的空间，不停切换内容和社交上下文会带来持续的认知负荷，令人身心俱疲。

其次，社交媒体营造的比较与孤独陷阱也影响着心理健康。在朋友圈和Instagram上，大家展示的多是美好生活的片段，这容易让浏览者不自觉地拿自己真实的人生与他人精修过的瞬间比对，从而产生自卑感或嫉妒心。多项研究显示，过度使用社交媒体与抑郁、焦虑的发生呈正相关。同时，虽然网络把人与人连在一起，但数字联系并不能完全替代面对面的亲密。很多人关注着上千好友的动态，却感觉真正懂自己的没几个，社交媒体时代的孤独成为新的城市病。

再次，技术变革带来的不确定性也造成心理压力。前面章节讨论了工作环境剧变、技能更新压力等，这些都会转化为个体的焦虑。特别是中年群体和需要养家的人，担心自己跟不上时代、被年轻一代或机器取代，这种"技术焦虑"挥之不去。如果没有得到有效纾解，可能演变为慢性压力，影响身心健康。

最后，远程生活模式导致的界限模糊也影响心理。疫情以来，远程办公和学习普及，本应舒适的家变成了工作场所，很多人发现自己"24小时待机"，难以真正放松。这种工作与生活混杂的状态容易导致倦怠感和疏离感，人们既感觉总在工作又觉得效率不高，自我评价和情绪都受到影响。

需要指出的是，这些新心理压力并非毫无数据支撑。全球各地心理健康机构的报告都显示，近十年抑郁和焦虑的发病率在年轻群体中显著上升。部分专家将其归因于智能手机和社交媒体的普及带来的生活方式巨变。例如，一项针对青少年的调查发现，每天使用社交媒体超过3小时的孩子，其抑郁和焦虑症状发生风险是低使用者的两倍以上。又如，"996"式的全天候在线工作文化在科技行业盛行，其导致的职业倦怠和心理健康问题也引发关注。这些数据和案例都在提醒我们：技术塑造的新环境，正在潜移默化地重塑我们的心理状态。

AI对心理健康的双重作用

有趣的是，人工智能本身既是造成某些心理问题的推手之一，也有潜力成为心理健康的强力助手。一方面，一些AI驱动的应用可能加剧心理困扰。以社交媒体为例，其背后的算法往往不断推荐刺激性内容以黏住用户。这些算法可能放大极端情绪、强化同温层效应：你愤怒，系统就推给你更多令人愤怒的内容；你悲观，系统也许不断呈现负面新闻给你。这无形中影响着用户的心境，甚至可能让人形成偏执的认知视角。此外，VR、AR等技术带来的超现实体验若使用不当，可能导致现实失调感，一些重度游戏玩家或元宇宙沉迷者回到现实后产生空虚和抑郁。

另一方面，AI也在为心理健康带来革命性的积极工具。当前，全球范围内心理咨询师资源紧缺，许多人有心理困扰却迟迟得不到专业帮助。AI聊天机器人和心理健康应用正部分填补这一缺口。例如，一款名为Woebot的AI聊天应用，可以与用户对话，运用认知行为疗法（CBT）技巧帮助用户理清负面思绪。对于轻中度的焦虑和抑郁者，这类AI陪伴可以在两次人类咨询之间起到持续支持作用。还有一些AI通过分析用户的声音语调、社交媒体发帖内容，早期检测出抑郁或自杀倾向，从而提醒其亲友干预。这类"情绪AI"有望将心理危机扼杀在萌芽阶段，挽救生命。

AI在精神疾病诊疗方面也展现潜力。机器学习可以分析海量神经影像和临床数据，辅助医生更准确地诊断抑郁症、焦虑症等，并预测复发风险，从而制定更个性化的治疗方案。对于自闭症儿童，社交机器人可以充当康复训练伙伴，耐心地引导他们学习与人沟通。对于老年痴呆患者，拟人化的AI机器人陪护可以刺激认知、缓解情绪波动。可以说，AI正成为心理健康服务团队中的一员，它不知疲倦、随时待命、成本低廉，能够覆盖广大人群。

关键在于，我们如何趋利避害，善用AI来滋养心灵而非伤害心灵。这需要技术设计者有伦理考量，如在社交平台算法中加入"数字健康"指标，减少沉迷诱导；也需要用户自身有节制意识，学会掌控科技而不被科技掌控。

围绕社交媒体成瘾、网络霸凌等问题，不少国家已经行动起来。比如，2023年美国儿科医学会和英国卫生部门相继发布指南，提醒家长限制青少年每天社交媒体使用时间；法国立法禁止在小学阶段使用智能手机，以保护孩子专注力和睡眠。科技公司也感受到了压力，开始在产品中增加"休息一下"提示、仪表板监测使用时长等功能。可以预见，未来APP的设计规范中，很可能会强制性地纳入心理健康考虑，算法不再一味追求用户时长，还要对用户的精神状态负责。

主动应对与心理韧性

面对技术变革带来的心理挑战，个人和社会都需要积极构建心理韧性。首先，每个人可以从自身做起，培养健康的数字生活习惯。适度"数字排毒"很有必要：规定自己每天社交媒体和新闻应用使用的时长，定期进行无手机日、户外日，让大脑休息充电。建立工作与生活的界限，即便在家办公也要给自己安排明确的作息，避免无休止地被工作侵占私人时间。

其次，学会利用AI助手来改善心理而不是恶化心理。可以尝试使用正向的心理健康App，如冥想指导、睡眠追踪、情绪日记等，让AI帮助我们养成良好习惯。同时，对社交媒体的算法推荐要保持警惕，不要被情绪推文牵着走，必要时果断屏蔽负能量信息源。与AI聊天工具交流时，也要明白它不是人类，要适可而止，不要完全以虚拟陪伴代替现实社交。

在社会层面，需要加强心理健康教育和支持网络。学校和社区应该教授数字时代的心理应对技巧，比如如何处理网络成瘾，如何辨别虚假信息带来的焦虑。用人单位也应重视员工心理，在推行新技术的同时提供相应的培训和心理辅导，帮助员工渡过适应期。医疗体系要及早将AI心理服务纳入正规管理，确保这些服务质量达标、信息安全。

此外，培育一种开放谈论心理健康的文化也很重要。在快速变化的时代，人人都有压力，勇敢寻求帮助是成熟的表现。超级个体时代强调个人的强大和自主，但强大并不意味着不需要帮助。恰恰相反，懂得善用各种资源（包括科技和他人支持）来照顾好自己的心理，是新世代应掌握的重要能力。

令人欣慰的是，越来越多的公众人物和科技领袖开始公开分享自己的心理健康经历，倡导平衡的生活方式。这种示范有助于消除公众寻求心理帮助的羞耻感。同时，各国政府也在投入更多预算用于心理健康服务，并积极评估AI在其中的角色。可以说，社会正在逐步认识到，心理韧性是面对技术冲击的"软实力"壁垒，必须予以重视。

最后，我们要相信人类心灵的适应力。历史上，我们已经克服了工业化带来的异化、全球化引发的焦虑，如今也一定能调整自己来适应智能化社会。技术发展不可逆转，但人的主观能动性同样巨大。只要我们保持对自我内心的觉察和关怀，学会与科技和谐相处，就能在浪潮中站稳脚跟，让科技成为心灵成长的工具，而非负担。超级个体不仅意味着能力超群，也意味着拥有强大的内心——既能驾驭世界的变化，也能妥善安顿自己的情绪与精神。心理健康，将是超级个体实现自我超越的坚实基础，也是我们在未来世界中保持幸福与意义感的关键。

15

———

第十五章 超级个体时代

"永远不要怀疑一小群深思熟虑、敬业的公民可以改变世界；事实上，这是唯一能改变世界的事情。"

—— 玛格丽特·米德（MARGARET MEAD）

随着技术革命的深化，我们正迎来一个超级个体全面崛起的新时代。这场变革将深刻重塑社会的运行逻辑：当每个人都拥有前所未有的能力和自主性，社会将从过去依赖大型机构运转的模式，转向以个体为核心的全新生态。在这一章，我们将展望超级个体时代给人类生活质量、个人成长和整体效率带来的积极提升，同时系统分析人工智能（AI）对就业市场的冲击，并探讨超级个体如何借助AI与制度创新有效缓解就业风险、创造新的职业形态。我们也将描绘未来日常场景，展示技术进化下超级个体的生活图景，并介绍海内外具有代表性的超级个体先行者案例。整体而言，本章将勾勒出一个技术与人类共生共荣、充满希望的未来图景。

超级个体时代的到来与社会运行逻辑的转变

超级个体时代的到来意味着个人在社会中的地位和作用发生质变。当越来越多的个人具备过去只有组织才具备的能力时，社会的整体运行逻辑也随之改变。首先，权力下放与组织形态转型。技术进步正在将资源和权力由大型机构下放给个人，每个人都可以更灵活地参与经济活动和社会治理。例如，过去跨国迁徙、远程工作的"数字游牧民"还属少数，而如今这种现象已相当普遍，各国被迫调整政策以适应人才和劳动力的全球流动。"数字游牧签证"从2020年代开始在全球六十多个国家推行，允许个人在不同司法管辖区间自由切换工作和生活。这反映出传统依赖地域和组织的管理模式正让位于更机动、多元的个体自主模式。

与此同时，网络协同与去中心化成为社会运作的新特点。超级个体通过数字平台和去中心化工具直接与他人协作、交易，无需中介即可完成许多过去必须依赖组织才能进行的活动。这带来了新的社会单元，例如自治的网络社区、去中心化自治组织（DAO）等，个人可以按兴趣和目标自发组成联盟，取代部分传统科层组织的功能。这预示着未来社会将更加多元百花齐放，每个个体都可能是一个"微型经济单元"，自给自足又彼此联结。

另一个显著转变是就业观念与职业结构的变化。在工业时代，人们倾向于一份工作终身发展，组织提供稳定保障。然而超级个体时代，越来越多的人走向自雇和灵活就业。全球范围内，自由职业者和多重职业者的比例持续攀升。据调查，2022年美国有约6000万劳动者从事自由职业，占全国劳动力的近39%。在中国，灵活就业者规模已达2亿人左右，占全国就业的27%，成为吸纳就业的重要渠道。个人不再局限于传统的雇佣关系，而是以更加自主的方式组合职业、弹性工作。这种趋势要求社会在社保、劳动政策等方面做出调整，以适应新型劳动力结构（后文我们将详细讨论相关制度创新）。

总体来看，超级个体时代的社会运行更具弹性和效率。个人拥有更大自主权，可以快速响应市场和环境变化；大量"小而美"的个体创新汇聚起来，将形成强大的创造力网络。当然，这种转变也对传统制度提出挑战：如何确保在个人崛起的同时，社会稳定和公平不受损害？这需要技术和制度"双轮驱动"。但可以肯定的是，超级个体时代的曙光已经出现，一个以个人为中心的全新社会图景正在展开，我们正在经历从"组织时代"向"个人时代"的历史性跨越。

生活质量提升的新路径：医疗、教育、城市生活与工作自由度

技术赋能的超级个体崛起，不仅意味着经济和权力格局的变化，更体现在人们日常生活质量的全面提升。从医疗健康到教育学习，从城市生活到工作方式，各个方面都在发生积极改变。

医疗：未来的医疗将更加个性化、高效和普惠。AI和生物技术的发展，使普通人能够享受过去难以企及的医疗资源。例如，人工智能医生可以辅助诊断，提前发现疾病征兆，提高诊断准确率；基因测序和精准医疗手段可以为每个人定制治疗方案，提高疗效并减少副作用。预防医学也因技术进步而强化——可穿戴设备实时监测健康指标，AI算法分析个人生活数据，提前预警健康风险。普通人将拥有自己的数字健康助理，全天候提供医疗建议和心理支持。这样的变化带来的直接结果是：整体人群的平均寿命和健康寿命延长，医疗资源分配更均衡。偏远地区的患者可以通过远程医疗与名医连线，获得高质量诊疗服务；AI驱动的新药研发加速，疑难疾病有望找到突破。在超级个体时代，"疾病未病先知、初病即治"的愿景逐步成为现实，每个人都更有能力掌控自己的健康命运。

教育：教育将从工业化的批量模式走向高度个性化和终身化。得益于AI教师和智能课程系统，每个学生都可以拥有"私人定制"的学习方案。AI导师能够根据个人的学习风格和进度，不断调整教学内容和方法，让不同资质的学生各尽其才。在课堂上，增强现实(AR)和虚拟现实(VR)技术让教学内容更加生动直观，学生可以身临其境地学习历史、科学等知识。这些变化缩小了教育鸿沟——偏远或资源匮乏地区的学生也能通过在线平台获得一流课程，城乡教育差距有望明显缩小。更重要的是，超级个体时代提倡终身学习的理念。技术更新日新月异，个人需要持续学习新技能以适应变化。在AI助手的帮助下，成人可以随时随地通过碎片化时间学习新的知识：早晨通勤路上跟着语言AI练习一门外语，晚上回家让编程AI教自己写代码……学习不再局限于学校阶段，而成为贯穿一生的常态。由此，每个人都有机会不断自我升级，不被时代淘汰，个人成长与社会进步形成良性循环。

城市生活：未来的智慧城市将更安全、便利和富有活力。物联网和AI共同构筑起"城市大脑"，使交通、能源、市政服务实现智能化调配。例如，智能交通系统根据实时数据优化红绿灯，大幅降低拥堵和碳排放；自动驾驶车队和无人机物流让出行和配送更快捷高效。城市居民日常事务也因技术而简化：政务服务全面线上化，办证件、报税等过去繁琐的流程如今在家用手机几分钟即可完成；公共安全部门利用AI监测提升应急响应速度，让城市更具韧性。不仅如此，增强现实技术将数字信息融入现实空间，丰富城市体验。戴上AR眼镜，人们在街头行走即可实时获取周边店铺评价、历史建筑的背景介绍，城市仿佛成为一个"会话"的有机体。此外，城市生活质量还体现在生态与宜居方面——智能电网和环保物联网让能源利用更高效、污染排放可监测可控，城市变得更绿色可持续。未来的都市将是科技与人文交融的空间：既有高度便利的数字基础设施，也有更关注人的社区服务（如智慧养老、在线医疗等）。超级个体在这样的城市中，更能随心所欲安排生活，在繁忙工作与休闲享受之间找到理想平衡。

工作自由度：技术进步也赋予人们前所未有的工作自由。远程办公、虚拟协作工具的普及，使"办公室"突破了实体空间的限制。越来越多人可以选择在家工作，或者干脆环游世界一边旅行一边工作。"工作"正在从一个地点、一种身份解放出来。在超级个体时代，弹性工作制和项目制盛行，个人能够根据自己的节奏安排工作时间。在提高效率的同时，这带来了更好的生活质量——父母可以有更多时间陪伴孩子，个人可以挤出时间健身、学习或参与公益，而不再被朝九晚五的固定制束缚。更有前景的是，"四天工作制"等新的工作理念有望在某些行业实现：当AI和自动化提升了人均产出，人们可以用更少的工作时间创造同等价值，将节省的时间用于充实自我和享受生活。此外，职业选择的地域限制也大大降低。一个身处内陆小城的人，完全可以通过互联网为北上广深甚至海外的公司远程工作；反过来，大城市的人也可以移居乡村田园，在宁静环境中照样对接全球业务。工作自由度的提升，使得每个人都更有可能找到个人兴奋点与事业追求的最佳结合，从而焕发创造力和积极性。这不仅令个人更幸福，也使整个社会受益于生产力的释放和人才的优化配置。

综上，超级个体时代描绘出一幅生活质态跃升的画卷：更健康长寿的体魄、更丰富便捷的日常、更公平高效的教育和更自主灵活的工作。正是这些领域的点滴改善，累积成了社会整体福祉的飞跃。当然，要实现这幅图景，还需我们积极应对技术变革带来的挑战，尤其是就业方面的不确定性。下一节我们将深入分析AI对就业的冲击，以及如何将这种冲击转化为契机。

政策与制度：超级个体发展的保障与激励

超级个体时代的顺利到来，不仅取决于个人的努力和技术的发展，同样有赖于政策和制度环境的保驾护航。各国政府和社会制度需要与时俱进，提供必要的保障与激励，才能释放出超级个体的最大潜能，同时确保变革过程中的公平与稳定。本节我们从教育、社保、就业政策和创新激励等方面，探讨如何构建有利于超级个体发展的制度框架。

教育与技能培养政策：首先，政府应大力推动教育体系革新，培养适应超级个体时代的人才。具体举措包括在各级教育中加强科技素养和创造力的培养。中小学阶段可将编程、AI基础知识纳入必修，例如中国已在部分地区试点将人工智能课程引入高中教材。高校和职业教育则应顺应产业变革，增设与AI、大数据、区块链等前沿领域相关的专业方向，同时注重跨学科人才的培养，打破文理科壁垒，使学生具备综合解决问题的能力。此外，政府需要建立完善的终身技能培训体系。技术更新太快，许多人毕业后所学技能很快过时，这就要求提供持续学习的平台。

可以考虑由政府牵头、企业和社会组织参与，建立开放的在线技能学习资源库，并对主动提升数字技能的个人提供补贴或学分认可。例如，新加坡的"技能创前程"（SkillsFuture）计划给予每位公民学习补贴，用于进修新技能课程，这种做法值得借鉴。总的来说，教育政策要从源头上塑造超级个体：让年轻一代掌握AI时代的"新三样"（编程、数据素养、创新思维），并培养终身学习的意识和能力。这样，当他们走向社会时，就能快速拥抱新技术，化挑战为机遇。

社会保障与劳动制度创新：超级个体兴起伴随着就业形式的多元化与流动性增强，传统以单位雇佣制为基础的社保体系必须相应改革。关键在于实现社保权益的可携带和普惠化。例如，建立覆盖自由职业者、个体创业者的养老、医疗保险机制，允许个人不依赖单一单位也能持续缴纳社保，累积福利。在这方面，一些国家和地区已有探索：美国一些州尝试推动"便携式福利"计划，让兼职和合同工也可以加入公共福利池；欧盟则讨论给予平台经济从业者类似员工的基本保障。中国亦已认识到这个问题的重要性，统计显示目前我国约有2亿灵活就业者，"零工经济"从业者的社保覆盖率偏低。为此，政府正在研究新的政策，如鼓励平台企业为签约的骑手、司机购买意外险和医疗险，探索建立灵活就业人员参加住房公积金的制度等。此外，还应完善劳动法，赋予自由职业者和多重职业者明确的法律身份和权益。例如，明确自由职业者的劳动报酬保障、合同规范，建立简易纠纷仲裁机制，防止新业态从业者因缺乏议价能力而被剥削。工作稳定性不强、收入波动大的超级个体群体，也需要一定的兜底政策：例如设立专项的转型期失业救济、培训津贴，帮助他们渡过阵痛期、尽快重新投入创造。只有当社保安全网对每一种就业形式都覆盖得住时，个人才敢放心大胆地去创新、去尝试，而无后顾之忧。

就业支持与灵活用工政策：政府还应积极调整就业服务和用工政策，以鼓励和便利超级个体的发展。首先是在工商注册和税收方面，为个人创业和微型企业提供简化流程和优惠条件。许多国家已实施"一人公司"制度，允许单个自然人注册成立有限公司，这给自由职业者和创客提供了更灵活的法律实体选择。政府可进一步降低创业门槛，如减少注册资本要求、推行全程网上登记等，让个人创业像开设社交账户一样方便。在税收上，可以考虑对个体创业初期给予税费减免、对自由职业收入制定合理的扣除标准，避免因为税负过重打击个人创新积极性。例如，部分国家针对自由职业者实行分类征税，在一定收入额度内简化税务手续、降低税率，这不失为一种激励措施。其次，公共就业服务部门需要转型，增加面向灵活就业和多元职业者的服务项目。比如建立自由职业者人才库，为企业和个人提供对接平台；举办远程工作和斜杠职业的招聘会，拓宽超级个体的接单渠道；提供法律、财务咨询，帮助个人应对自主职业中的专业问题。政府还可以发挥组织者和连接者的作用，支持建立各类超级个体行业协会、合作联盟，增强散布各处的个人之间的协作与自律。这些举措能让超级个体更好地融入经济循环，而不是孤军奋战。最后，在灵活用工政策上，政府需要引导企业建立适应新时代的用工制度。例如，鼓励企业实行弹性工作制和远程办公，制定相关劳动标准保障员工权益；推广"结果导向考核"等新管理模式，替代对坐班制的迷信，让用人单位也能从超级个体的高效和创造力中获益。

普惠激励与安全网：面对AI可能导致的阶段性失业增长，一些超前的政策干预值得考虑。其中之一是普遍基本收入（UBI）或类似的普惠激励机制。UBI主张由政府定期向每位公民发放一定金额，无论其就业状况如何，以保障基本生活。这一理念在AI时代获得新的关注：当生产力大幅提升时，是否可以将部分技术红利直接反馈给大众，让每个人都有底气去追求创新和创造，而不必为生存发愁？近年来，全球多个地方进行了UBI试验，例如芬兰曾对失业者发放基本收入以研究其对就业行为的影响；美国一些科技富豪和政治家也倡导将AI带来的巨大利润用于全民分红。当然，UBI有巨大财政成本和道德风险的争议，尚非短期内可全面实施的方案。但类似的思路可以部分引入现实政策，比如：对因技术原因失业的人提供更长期、更充分的失业救济与再培训支持；对积极学习新技能、成功转型的个人给予奖励；或者对使用AI提高生产率并与员工分享收益的企业给予税收优惠。另一个角度，政府可以设立"技术红利共享基金"，对高科技企业征收适度的技术红利税，将资金用于全民教育培训、就业缓冲和社区建设等。这相当于在宏观上为技术变革造成的短期阵痛买保险，为超级个体顺利成长提供稳定环境。总之，政策的着力点应是确保"不让任何人掉队"。只有社会安全网足够牢固，公众才会拥抱而非抗拒技术变革。毕竟，超级个体时代应当是人人受益的时代，而非少数人的特权：政策的作用正在于将这份繁荣红利公平地分配，让更多普通人敢于迈向超级个体之路。

创新生态与文化塑造：最后，制度层面的支持也包括营造创新友好的社会文化和氛围。政府和媒体应多宣传超级个体的成功案例，树立榜样引领风尚（本章结尾我们就将介绍一些典型案例）。社会舆论可以引导人们认识到，拥有多重身份、不断学习进取是值得肯定的价值观，"自主创业""自由职业"并不是"不稳定"的代名词，而可能是自我实现的光荣途径。文化上的包容与鼓励，将进一步激发个人的内生动力。此外，当局可以举办各类创新竞赛、创客马拉松、数字技能比拼等活动，为普通人提供展示才华的舞台。公共部门还可与大型科技公司、平台企业合作，搭建开放创新实验室，让草根创客能够免费或低成本使用先进的工具和数据资源进行开发。通过这些软性的支持举措，全社会对于超级个体的理解和接受度将提高，更多人会投入到技术赋能自我的浪潮中来。

总的来说，政策与制度在超级个体时代扮演着护航者与催化剂的角色。一方面提供基础保障，使个人勇于尝试创新无后顾之忧；另一方面主动创造机会，激励更多人走上自主成长之路。在个人和制度的良性互动下，超级个体的能量将得到充分释放，整个社会也将因此变得更加充满活力与竞争力。

技术进化下的超级个体日常图景：未来场景展望

要真正理解超级个体时代的冲击和美好，不妨让我们将目光投向不远的将来，描绘一个普通人在未来世界的典型一天。这个未来场景融合了我们之前讨论的各项技术和观念变革，呈现超级个体如何工作、生活，以及人与AI、社会环境如何交互。

清晨7:00，智能助理唤醒：未来的早晨，没有刺耳的闹铃。超级个体Tom（化名）在轻柔的音乐和智能语音助理的问候中自然醒来。床头的健康监测器已自动采集了她一晚的睡眠数据：深度睡眠时长、心率变动等。AI健康助理将这些数据与她过去的状态对比后，在耳边温和地说："昨晚睡得不错，深睡比例提高了5%。今天天气晴朗，空气质量良好，适合户外慢跑。"Tom起床后，照镜子时智能镜已扫描其面色，提示："你的血压略低于平常，早餐建议添加一点盐分。"镜面还显示了她个人定制的营养早餐食谱。于是，她按照食谱用智能烹饪机做了一份清淡但营养均衡的早餐。在用餐时，厨房墙上的屏幕自动播放当天的简报：AI

新闻主播用她喜欢的语速与声线，概述了隔夜国际要闻和行业动态，让她高效获取信息。

上午9:00，远程协同办公：Tom走进书房开始一天的工作。她是一名自由产品经理，同时也是自媒体内容创作者。书房的全景屏幕上打开一个虚拟办公室环境——她所在的项目团队由几位世界各地的专业人士组成，大家通过VR会议空间仿佛坐在同一房间。9点整，项目例会开始：美国的设计师化身虚拟头像出现，欧洲的程序员通过实时翻译工具无障碍地用中文沟通，而Tom身旁则站着她的AI助理Avatar，随时帮她记录要点并生成会议纪要。这个AI助理是她训练的数字分身，外形声音都与她相似，能够代表她在需要时发言。整个会议高效而顺畅，跨越不同语言和时区的团队在VR中头脑风暴，新点子像火花一样碰撞。一小时后会议结束，各自认领了任务。AI助理已经自动整理出任务清单并发送给团队，每个人都清楚接下来要做什么。

上午11:00，AI团队并行工作：会后，Tom安排自己的AI代理团队开始并行工作。她今天需要准备一份产品市场分析报告用于下午向客户展示。她唤醒三个AI代理："数据分析Agent"去收集最新市场数据并提炼洞见，"文案Agent"根据提纲撰写报告初稿，"美工Agent"负责把关报告的版式和图表美观。分配完毕后，AI代理们各自忙碌，而Tom趁这段时间处理别的事项。她打开个人自媒体后台，浏览昨晚AI辅助剪辑发布的视频反馈：播放量已经突破50万，评论区反响很好。AI内容助手已经智能分类整理出观众的高频问题和建议，她快速浏览后决定中午抽空录一个短回应视频。接着，她花半小时学习一门新课——这是政府提供的免费在线AI编程课程。尽管她不是专业程序员，但终身学习已成为习惯，每天进步一点点，让她始终走在时代前沿。学完课程，AI团队也完成了分析报告的初稿。她仔细审阅代理产出的内容：数据分析Agent给出的市场趋势图表翔实可靠，文案Agent写的文字流畅有逻辑，只需略作修改以加入她个人的观点。Tom在午饭前轻松地整合完善了整份报告，而这在过去可能需要团队几个人加班数日才能完成。

下午1:30，城市出行与客户见面：午饭后，Tom准备前往市中心与客户洽谈项目。她走出公寓，一辆无人驾驶的共享汽车早已在楼下等候——AI出行系统根据她日程安排自动预约了车辆。车内环境舒适安静，她只需对AI司机说出目的地，就可以闭目养神或浏览平板电脑上的资料。城市道路畅通无阻：智慧交通系统实时调度车辆和红绿灯，让车流以最佳速度通行。这座城市的交通拥堵率相比十年前降低了30%以上，路怒症似乎也成为过去式。20分钟后，车辆准时将她送达客户办公楼门口。整段路程Tom几乎没操心任何驾驶细节，反而利用车上的时间通过增强现实眼镜过了一遍报告要点。到了会客室，她用投影设备展示上午完成的报告。客户对报告质量非常满意，不可思议地问："你们团队效率真高！"Tom微笑着解释："其实主要归功于AI助手的帮助。"她不吝分享自己如何运用AI提升工作的经验，这也拉近了与客户的距离。会议顺利结束，双方当场敲定了下一阶段合作意向。

下午4:00，咖啡馆里的第二职业：离开客户公司，Tom没有立刻回家，而是来到附近一家安静的咖啡馆，开始她今天的"第二职业时间"。原来，Tom除了产品经理工作外，还是一名在线科普作家，经营着自己的科普专栏。每天下午，她都会花两小时创作当周的科普文章。咖啡香气萦绕中，她打开笔记本电脑，AI写作助手已经为她准备好了最新资料的摘要——这些资料是早上AI根据她选定的主题自动搜集整理的，包括最新的科研动态、相关背景知识。她仔细研读后，开始下笔撰文。写作过程中，AI助手充当实时的"编辑"，为她提供合适的措辞建议、检查语法和流畅度。偶尔灵感卡壳时，她还能让AI根据上下文生成续写思路，再从中挑选精炼。不到一个小时，一篇优质的科普文章就完成初稿。她将草稿发给远在另一城市的好友进行人类校对（好友也是一名自由编辑，通过网络接单）。"云端合作"让她的创作流程高效且成本低廉。此时，阳光从窗外洒进咖啡馆，她享受着这段惬意又有生产力的时光。回想过去，如果按传统朝九晚五坐班，她很难挤出精力追求写作梦想；而现在灵活的工作安排和AI助手的支持，让她成功发展出第二职业，不仅实现了个人价值，也获得了额外收入。

傍晚6:00，AI助手处理杂务：Tom离开咖啡馆，顺路去超市采购生活用品。超市采用全自助结算，购物车上的传感器自动识别选购的商品并结账，从进店到出门不超过10分钟。回到家中，她的AI生活助理已经帮她安排好晚间的一些杂务：根据冰箱库存生成了晚餐菜谱并列出所缺食材清单（她刚才在超市按单买齐）；智能家政机器人在下午时段已把家里地板清洁完毕；堆积的邮件和消息也由AI初步过滤分类，留待她稍后处理。借助这些无处不在的数字管家，Tom感觉自己的生活变得井井有条，而无需亲自操心每件琐事。AI的存在就像空气和水一样，自然地融入日常，提供着无微不至的协助，却又不会过度打扰。科技真正扮演了"增强人而非替代人"的角色，让她拥有更多自由支配的时间。

晚上8:00，家庭与学习：晚餐后是Tom的家庭时间。她通过全息投影与远在外地的父母共进"云晚餐"——投影中的父母影像栩栩如生，仿佛就坐在餐桌另一侧聊天，这让长期异地的亲人有了温馨的陪伴感。之后，她花一些时间辅导孩子功课。不过她并非孤军奋战：孩子的AI学习导师已经提前讲解了一遍作业知识点，还针对孩子的薄弱环节出了额外练习。Tom所做的主要是给孩子提供情感支持和监督，与AI导师形成了默契的配合。一家人还带上AR设备玩了一会儿互动游戏，在客厅里"旅行"到了虚拟博物馆看展览，欢乐笑声不断。短暂放松后，Tom把孩子哄睡，决定继续充电自己。她来到书房，与一个线上AI学术导师开始了一对一的交流——这是她最近报的一门商业课程，导师是AI扮演的虚拟教授形象，结合了全球顶尖商学院教授的知识库，能够解答她提出的专业问题。今晚她正好对白天客户沟通中涉及的一些商业策略概念存有疑问，AI导师为她详细讲解了相关案例并给出建议。这样的学习体验让她感觉仿佛拥有了私人教练，效率极高。一个小时很快过去，她收获颇丰地结束了课程，将笔记同步保存进自己的知识管理系统。

深夜10:30，数字分身轮值：就寝前，Tom浏览了一下当天的整体进展。AI日程管家自动记录了她完成的事项，与每日计划进行比对，提醒她还有两封客户邮件尚未回复。不过不必担心，她的数字分身已经在处理其中一封常规询问邮件，并根据她过往的沟通风格起草了回复供她确认。另一封较复杂的邮件则标记给她本人明早处理。在超级个体时代，像Tom这样的人往往都有自己的数字分身或AI代理在云端运作，帮助他们24小时不间断地应对各种事务。今晚，在她入睡后，她的数字分身"数字Tom"将继续在线上"值班"——它可能会替她参与一个深夜进行的跨国视频会议（因为时差原因团队安排在夜里，但有了分身，她本人不用熬夜，由AI代为听取记录会议要点，第二天再向她汇报）；它还会监测海外客户社区的动态，一有重要反馈就自动回应或提醒。这就像她拥有了一个不知疲倦的助手，可以在个人精力有限的情况下仍保持高效率运转。而一切的设定均遵循她事先制定的规则和风格，因此外界几乎感觉不到与真人的区别。这种"人机共生"的工作方式，极大扩展了个人的时间和空间维度，让"一人千面"、"一人千时"成为可能。

在一天的结束时，Tom回顾自己的生活：这一整天她完成了多项工作、学习和家庭任务，但依然感到精力充沛、成就感满满。这得益于AI无处不在的支持，以及灵活自主的安排，使她能够专注在最有价值和最有意义的事情上，而把繁琐机械的部分交给了机器。工作与生活在她这里达成了真正的平衡融合。这就是超级个体时代的日常剪影：科技融入寻常，人们得以实现过去难以兼顾的多种角色；自主掌控的生活让每个人都更显从容、自信。未来已来的感觉是如此真实又令人鼓舞——在这个时代，普通人的一天，正变得像过去的科幻电影一样神奇而美好。

海内外代表性人物与机构案例

超级个体时代并非空中楼阁，许多当下的个人和机构已经展现出这一趋势的端倪。他们以各自独特的方式诠释了技术赋能个人的可能性，也为我们提供了宝贵的经验和启示。下面介绍几位海内外的代表性案例：

李子柒（Li Ziqi）——个人IP的全球影响力：李子柒是中国一位农村文化视频创作者，她的故事堪称超级个体时代的经典案例。最初，出身普通的李子柒在四川农村拍摄古朴恬静的田园生活短片，展示中国传统美食和手工技艺。凭借独特的内容魅力，她在国内外网络平台迅速走红。李子柒几乎是一人包办了视频的策划、出演和部分拍摄制作，以个人创意构建起强大的个人IP。在没有大型传媒公司的加持下，她吸引了亿万级别的观众。截止2021年，她在海外YouTube平台的订阅用户突破1530万，打破了YouTube上中文创作者的纪录；全网累计粉丝更是超过1亿人。这样的全球影响力甚至可与某些传统主流媒体媲美——有人统计，李子柒上传的一百多个视频总播放量达数十亿次，其海外传播力一度与CNN新闻网相当。通过短视频内容，李子柒实现了文化输出和商业成功的双丰收：她的视频没有一句直接夸耀中国，却令全世界观众爱上了中国文化；同时，她将自己的品牌形象与农业副产品相结合，开设了食品和日用品的电商业务，年销售额达数亿元。据公开报道，她早期的视频制作也曾得到小团队和资本支持，但其品牌的核心始终是个人特色与创意。李子柒的崛起证明了在数字时代，一个普通人只要抓住平台机遇、发挥创意才华，就能撬动全球市场，成为"文化创业者"的典范。她的成功案例也激励了大批内容创作者投身于创作者经济，正如我们前文提到的全球2亿创作者大军——李子柒无疑是其中闪耀的一个名字。

Alex Masmej——个人代币与数字分身的先锋：在大洋彼岸的欧美创业圈，年轻的加密创业者亚历克斯·马斯梅（Alex Masmej）以大胆而超前的尝试引发关注，被视为"个人即公司"理念的践行者。2020年，年仅20岁的Alex为了筹措创业资金，采取了一个前所未有的举措：他在以太坊区块链上发行了以自己名字命名的个人代币"ALEX"。通过这场个人ICO（首次代币发行），他成功募集到了约2万美元资金。持有他代币的投资者，相当于赌在他的未来成功上——根据约定，Alex将拿出未来几年收入的一定比例回馈给代币持有人，并让他们对他的人生某些决定具有投票权。可以说，他把自己"上市"了！这一创举使他一举成名，成为去中心化金融圈讨论的热点。更令人为之侧目的，是Alex关于数字分身的计划：他宣布将开发一个以自己为蓝本的AI助手，代币持有人可以随时咨询这个"数字版Alex"获取建议。也就是说，他试图用AI克隆自己的知识和思维，为众多支持者服务。这个计划充满科幻色彩，却展示了未来超级个体的一个可能方向——个人的影响力不再局限于肉身的时间和空间，可以通过数字手段成倍扩张。虽然Alex的个人代币试验规模不大、也存在争议，但不可否认他开了一个先河：个体可以像企业一样融资、运作，甚至复制自己去服务他人。Alex此后在硅谷创立了自己的加密初创公司，并持续探索个人与区块链、AI融合的新模式。他的故事启示我们，在超级个体时代，传统意义上的职业道路被重新定义，勇于突破常规的个人完全可能创造前所未有的职业形态。

中国AI主播与PLTFRM公司——人机协作的商业实践：超级个体时代不仅体现在个人身上，一些机构也在助力或体现这一趋势。例如，中国一家名为PLTFRM的营销科技公司就创造了令人瞩目的案例：他们开发了高度逼真的AI虚拟主播，并将其投入电商直播带货。2023年，PLTFRM在淘宝、拼多多等平台上部署了30个数字销售员，这些AI主播能够24小时不间断进行直播带货。据报道，在某些商品品类上，AI主播的销售转化率比真人主播还高出30%，创造了更高效率。顶尖真人主播也开始尝试与数字分身协同：例如中国知名带货主播李佳琦曾邀请虚拟偶像"洛天依"作为直播助手，还有头部主播培训自己的AI形象做副播，实现"一人两用"。这些探索表明，在商业领域，人机共生模式正逐步落地：企业利用AI克隆出"超级销售员"，个人网红将自身品牌延伸到AI形象运营。这既提高了生产效率，又凸显了个人IP的价值延展。尽管当前AI主播仍需要真人团队的内容支持，其情感互动方面也有提升空间，但其崭露的威力已经让行业为之震撼。PLTFRM等公司的案例说明，超级个体时代并不意味着只有个人单打独斗，企业可以成为个人赋能的放大器——通过提供AI工具和平台，让更多普通人发挥出超级个体的能量。例如，越来越多内容创作者借助AI剪辑和推荐算法，在短时间内涨粉成名；普通店主通过电商平台的数据AI分析，优化经营策略成为月销百万的"网店达人"。可以预见，未来会有更多这样的公司和机构涌现，专注于服务个人、赋能个人，他们本身将成为超级个体生态的重要组成部分。

Midjourney与一人创业团队——小团队的大作为：在国外科技创业界，Midjourney公司的故事也常被引用以体现超级个体或小团队的强大力量。Midjourney是一款风靡全球的AI绘画工具，其生成的艺术品质逼近专业画师水准。然而令人惊讶的是，支撑这一现象级产品的公司规模极小：截至2023年，Midjourney全职员工只有11人。正是这样一个"袖珍团队"，却运营着全球数百万用户的平台，不断快速迭代升级产品版本，从V1进化到V7，始终站在行业前沿。Midjourney的创始人坚持不引入外部投资，以保持公司的自主控制和研发专注。这一切与传统观念中需要上百人团队、大笔融资才能做好人工智能产品的印象大相径庭。Midjourney展示了"小团队，撬动大创新"的可能：借助开源生态、云基础设施以及对于AI的深刻理解，少数几个顶尖人才就能创造全球瞩目的成果。在超级个体的视角下，Midjourney团队近乎可以看作一个复合型的"超级个体"，他们运用技术和创意，让少数人的智慧发挥出数百人的效能。这与我们前面提到的个人开发者利用AI和低代码工具独立完成大型项目的趋势如出一辙。Midjourney的成功激励了更多开发者相信"一人公司"或者"小而精创业"的可行性。一些个人开发者受此启发，纷纷开始打造属于自己的AI应用和服务，涌现出所谓"独立AI创业者"群体——他们或以开源模型为基础微调出新功能，或将多个API整合解决特定行业问题，在全球范围获取用户。这股潮流证明，超级个体时代下，勇敢的个人和小团队完全可能冲击传统巨头，引领技术潮流。

以上这些案例，只是时代浪潮中的几个精彩缩影，却足以让我们洞见未来的轮廓。无论是李子柒将个人魅力传播到全球，Alex Masmej将自身当作公司来经营，还是AI主播和小团队创业的崛起，他们都展示了"个人+技术"所能迸发的巨大能量。这些先行者的经历启示我们：超级个体时代并非遥远的乌托邦，而是已经开始在现实中萌芽、生长的趋势。正是一个又一个有胆识、有创造力的个人，充当了这个时代的先锋和开拓者。他们的成功为后来者铺平道路，也验证了我们在本章中强调的核心观点——当技术赋能于人，每一个平凡个体都可能创造不凡的价值。展望未来，随着AI等技术进一步发展、制度环境更加完善，将有更多普通人加入超级个体的行列。可以想见，一个"人人皆可成英雄"的新时代正在向我们走来，在那里，每个人都能够通过聪明才智和努力，成就过去只有庞大组织才能书写的传奇。超级个体时代的画卷，正由你我共同描绘，而今天的这些案例，正是未来图景中最早绽放的几点光芒。

结语

"我们就是我们一直在等待的人。我们就是我们寻求的改变。"

— 巴拉克·奥巴马

"超级个体"时代的来临，也许是对民族国家体系五百年统治地位的终结宣告，亦或是对人类社会组织形态的一次重塑尝试。从《主权个人》到今天，我们见证了许多预言的验证：数字货币、远程工作、去中心化网络，这些新事物正如预示般地到来。站在2025年的视角往未来眺望，我们既能看到希望的曙光，也能看到阴影的轮廓。希望在于，技术为个体解放提供了前所未有的工具，人类有机会摆脱旧有桎梏，实现更大程度的自由与创造力。每一个平凡人都有可能通过学习和利用AI等技术，成为某方面的"超级个体"，在全球舞台上施展才华。而阴影在于，转型的阵痛无可避免，新的不平等、新的矛盾会不断涌现，我们是否有智慧去化解？未来的历史学家也许会把21世纪前半叶称为"主权重组"的时代——个人、公司、城市、网络、国家，各种单元都在争夺并重划权力版图。旧制度的瓦解和新秩序的萌芽交织在一起，混乱与创新并存。

本书对未来进行了大胆的勾勒，但我们也必须承认：未来从不像预言般整齐发展，总有出人意料的因素介入。人工智能可能比想象中更快地进化出通用智能，亦可能因伦理风险受限于某些领域；国家也可能通过变革自身（例如数字化治理、联盟化生存）而并非坐以待毙地退出历史舞台。一切悬念，仍留待时间解答。重要的是，我们要以开放的思维和宏观的视野来审视正在发生的变化，既不能因循守旧地拒绝承认新趋势，也不能盲目乌托邦地忽视潜在问题。

对每一位读者而言，"超级个体"时代的来临不是与己无关的科幻故事，而将深刻影响我们的生活轨迹。也许你会发现自己或子女有朝一日成为数字游牧民，在全球各地生活工作；也许你将亲历所在的社区成立一个DAO，用全新的方式参与公共事务；也许你会思考是否要尝试某种人机增强技术，为自己的大脑插上数字翅膀。无论选择怎样的路径，我们都正参与塑造着未来的人类社会形态。在这个过程中，每个人都应当问自己一个问题：当技术赋予我们前所未有的个人力量时，我们将如何运用它？是追求个人利益最大化，还是推动集体福祉进步？是筑起新的壁垒，还是架设更多的桥梁？答案将决定未来文明的面貌。

罗曼·罗兰曾说，真正的英雄主义，是认清生活的真相后依然热爱生活。同样地，真正的智慧，是在看清时代洪流的方向后依然积极地投入塑造它。愿我们这一代人，既不盲目悲观也不狂热傲慢，以谦卑而坚定的态度拥抱"超级个体"时代的到来。在历史长河中，这是壮阔而独特的一幕转折，我们每个人既是见证者，也是书写者。

www.ingramcontent.com/pod-product-compliance
Lightning Source LLC
Chambersburg PA
CBHW061252220326
41599CB00028B/5616